Annelise Heigl-Evers / Irene Helas /
Heinz C. Vollmer / Uwe Büchner (Hg.)

Therapien bei Sucht und Abhängigkeiten

Psychoanalyse,
Verhaltenstherapie,
Systemische Therapie

Mit 8 Abbildungen

Vandenhoeck & Ruprecht

Die Deutsche Bibliothek – CIP-Einheitsaufnahme

Therapien bei Sucht und Abhängigkeiten : Psychoanalyse, Verhaltenstherapie,
Systemische Therapie / Annelise Heigl-Evers ... [Hrsg.]. –
Göttingen : Vandenhoeck & Ruprecht, 2002
ISBN 3-525-46163-1

© 2002 Vandenhoeck & Ruprecht, Göttingen
http://www.vandenhoeck-ruprecht.de
Printed in Germany. – Das Werk einschließlich aller seiner Teile
ist urheberrechtlich geschützt. Jede Verwertung außerhalb der engen Grenzen
des Urheberrechtsgesetzes ist ohne Zustimmung des Verlages unzulässig und
strafbar. Das gilt insbesondere für Vervielfältigungen,
Übersetzungen, Mikroverfilmungen und die Einspeicherung
und Verarbeitung in elektronischen Systemen.
Satz: Text & Form, Garbsen
Druck und Bindearbeiten: Hubert & Co., Göttingen

Inhalt

Vorwort 7

Heinz Renn
Sucht als gesellschaftliches Phänomen 9

Jobst Böning
Neuropsychobiologische Aspekte des Suchtgedächtnisses
und ihre Bedeutung für störungsspezifische Therapie-
konzepte 29

Uwe Büchner
Ethische Dimensionen des Krankheitsbegriffs –
Am Beispiel vorzeitiger Behandlungsbeendigung 46

Uwe Büchner und Michael Heidler
Stellenwert und Bedeutung der differenzierten
Eingangsdiagnostik für die Behandlungsgestaltung 63

Heinz C. Vollmer
Krankheitsmodelle und ihre Folgen oder
warum ich den französischen Film liebe 75

Reinhard Kreische
Neuere therapeutische Entwicklungen
in der Psychoanalyse 92

Johannes Lindenmeyer
Ein verhaltenstherapeutischer Ansatz zur spezifischen
Behandlung von Alkoholmißbrauch 109

Thomas Redecker
Verhaltensdrama – Eine Behandlungsstrategie bei
Abhängigkeitserkrankten 123

Heinz C. Vollmer
Zurück in die Zukunft – Versuch einer wissenschafts-
theoretischen Argumentation 133

Die Autoren 158

Vorwort

Die neuen gesetzlichen Bestimmungen haben zu einer erheblichen Verkürzung der durchschnittlichen Verweildauer in den ambulanten und stationären Einrichtungen geführt. Bisherige Erfahrungen sprechen aber dafür, daß für Behandlungsprozesse ein gewisser Zeitraum notwendig ist. Durch die Vorgaben des Gesetzgebers ist es erforderlich geworden, sich intensiv mit der Frage auseinanderzusetzen, inwieweit ein therapeutischer Prozeß zeitlich überhaupt verkürzt werden kann und welche Konsequenzen das für die Patientinnen und Patienten hat.

So beziehen sich die zentralen Fragestellungen dieses Bandes auf den Strukturrahmen in der medizinischen Rehabilitation Suchtkranker. Neben der immer wieder zu erörternden Frage der gesellschaftlichen Einflüsse auf Entstehung und Verlauf süchtigen Verhaltens geht es um die Länge der Therapiezeit, Behandlungskonzepte, zugrundeliegende Krankheitsmodelle und die Bedeutung der neurophysiologischen Erkenntnisse für die Gestaltung des Therapieprozesses.

Die Autoren dieses Bandes, alle ausgewiesene Experten in der Suchtforschung oder aus der klinischen Versorgung, diskutieren ihre Fragen auf dem Hintergrund der geänderten Gesetzeslage, um kreative Antworten auf solche Einschränkungen zu finden. Für den Therapeuten in der medizinischen Rehabilitation Suchtkranker geht es um die Umsetzung der Prinzipien Respekt, Akzeptanz und Authentizität, die auch eine ethische Dimension darstellen.

Irene Helas

Heinz Renn

Sucht als gesellschaftliches Phänomen

Problemstellung

Die Meinungen über gesellschaftliche Aspekte der Sucht sind vielfältig und äußerst kontrovers. So wird einmal behauptet, die Ursachen der Sucht seien immer gesellschaftliche. Demgegenüber wird auch die Ansicht vertreten, die Vorstellungen einer reinen Soziogenese der Sucht seien eher eine Ideologie als eine Tatsache.

Grundsätzlich ist aber die Bedeutung gesellschaftlicher Faktoren bei der Suchtentwicklung nicht zu leugnen. Unter gesellschaftlichen Faktoren sind unterschiedliche Sachverhalte in der sozialen Umwelt des einzelnen zu verstehen. Sie reichen von Gegebenheiten im sozialen Nahraum, wie den Interaktionen in der Familie, am Arbeitsplatz, in der Freizeit, über institutionelle Gegebenheiten rechtlicher Regelungen und sozioökonomischer Verhältnisse bis hin zu gesellschaftlichen Werten, Normen und Traditionen.

Allein können diese Sachverhalte Suchtentwicklung nicht erklären. Die Frage nach der Bedeutung gesellschaftlicher Faktoren kann daher immer nur die Frage nach ihrem relativen Stellenwert im Zusammenhang mit anderen Wirkungsgrößen sein. Fest steht, Suchtentwicklung vollzieht sich im Spannungsfeld von Person und sozialer Umwelt.

Begriff der Sucht

Was ist aber überhaupt Sucht? Eine allgemein anerkannte Festlegung aufgrund einer einheitlichen Theorie der Sucht gibt es nicht, vielmehr eine Vielzahl von Definitionen. Gemeinsam ist ihnen, daß Sucht ein unabweisbares Verlangen nach einem bestimmten Erlebniszustand ist.

Dieser sehr allgemeinen Begriffsbestimmung entspricht der Umstand, daß Sucht überall zu sein scheint. Sie taucht in den unterschiedlichsten Zusammenhängen auf. Dies hat bereits im Jahr 1905 der Würzburger Psychiater Konrad Rieger in seiner Schrift „Über die Trunksucht und die ‚Suchten' überhaupt" herausgearbeitet. Er illustriert dabei durch die von ihm angesprochenen Komposita von Sucht sehr anschaulich die Allgegenwart dieses Phänomens in den unterschiedlichsten Lebensbezügen. Neben der im Titel seiner Arbeit angsprochenen Trunksucht hier einige weitere Beispiele: Gefallsucht, Vergnügungssucht, Gewinnsucht, Habsucht, Herrschsucht, Klatschsucht, Prahlsucht, Prunksucht, Eifersucht, Selbstsucht, Spielsucht, Streitsucht. Dies kann ergänzt werden durch heutige Varianten wie Kaufsucht oder Arbeitssucht. Weiter nennt Rieger aber auch Gelbsucht, Fallsucht, Wassersucht. Damit zeigt sich, daß der Begriff „Sucht" nicht nur zur Beschreibung affektiver Befindlichkeiten verwendet wird, sondern auch zur Bezeichnung von Krankheiten.

Obwohl „Sucht" so in einem sehr umfassenden Sinne gebraucht werden kann, beziehe ich mich hier bei meiner Betrachtung von Sucht als soziales Phänomen auf Drogensucht. Als Drogen werden Stoffe betrachtet, die bestimmte Erlebniszustände herbeiführen können. Drogen sind Suchtmittel, da sie physische oder auch psychische Abhängigkeit erzeugen können. Dazu gehören illegale Drogen wie Heroin, Haschisch oder Kokain, die Alltagsdrogen Alkohol und Tabak sowie einige Gruppen von Medikamenten wie Stimulanzien, Schmerz-, Schlaf- und Beruhigungsmittel. Man spricht im Fall der Drogensucht – oder moderner der Drogenabhängigkeit – von einer stoffgebundenen Sucht. Demgegenüber gibt es auch nichtstoffgebundene Süchte wie zum Beispiel die Spielsucht. Mit diesen werde ich mich nicht befassen. Anzumerken ist, daß bei den nichtstoffgebundenen Süchten die

Gefahr einer unangemessenen Ausweitung des Suchtbegriffs zu sehen ist. Vorgeschlagen wird daher oft, hier eher von Verhaltensstörungen oder Zwangsneurosen zu sprechen: Nicht jeder affektive Extremzustand im Verhalten einer Person ist Ausdruck einer Sucht.

Gesellschaftliche Aspekte der Sucht

Obwohl andere Sichtweisen möglich sind, wähle ich als besondere Perspektive die gesellschaftlichen Ansatzpunkte einer Suchtentwicklung (vgl. hierzu und auch im weiteren Renn 1988a). Vorab ein Überblick.

Die Betrachtung richtet sich notwendigerweise zunächst auf die Erhältlichkeit von Suchtmitteln. Ein Suchtmittelangebot ist ganz offensichtlich eine notwendige Bedingung für Suchtmittelkonsum. Die Erhältlichkeit von Suchtmitteln wird bestimmt von den entsprechenden rechtlichen und sozioökonomischen Rahmenbedingungen. Es geht also um das *institutionalisierte Regulativ* von Sucht in einer Gesellschaft.

Erhältlichkeit ist jedoch keine hinreichende Bedingung für Suchtmittelkonsum. Zum Suchtmittelangebot muß eine Nachfrage treten. Hierbei dürften die gesellschaftlichen Werte, Normen und Traditionen von entscheidendem Belang sein. Diese bilden den klimatischen Hintergrund einer Suchtentwicklung, ihr *kulturelles Substrat*.

Angesichts eines bestimmten Suchtmittelangebots sowie eines bestimmten gesellschaftlichen Werteklimas kann aber keineswegs davon ausgegangen werden, daß alle Mitglieder dieser Gesellschaft gleichermaßen suchtgefährdet sind. Vielmehr ist zu beachten, daß bestimmte soziale Lebenslagen besondere Risiken bergen, süchtig zu werden. Lebenslagen sind das *soziale Substrat* einer Suchtentwicklung.

Ob einzelne Angehörige derartiger Risikogruppen süchtig werden, hängt aber weiter davon ab, ob bestimmte Gegebenheiten eine Suchtentwicklung tatsächlich auslösen. Veränderungen sozialer Milieus durch Umbrüche in den Lebensumständen können *unmittelbare Auslöser* von Drogenkonsum sein.

Höchst suchtgefährdet sind in derartigen Risikokonstellationen Personen, bei denen *personale Dispositionen* zu süchtigem Verhalten vorhanden sind. Personale Dispositionen werden ihrerseits im Verlauf der Persönlichkeitsentwicklung und Sozialisation erlernt. Besonderheiten der Sozialsationsinstanzen – beginnend mit der Herkunftsfamilie – haben somit den Status einer in der individuellen Biographie verankerten fördernden oder hemmenden Bedingung der Suchtentwicklung.

Globale Zusammenhänge

Trotz der soeben dargelegten Differenziertheit der Ansatzpunkte und Wirkungsmöglichkeiten gesellschaftlicher Größen werden Belege für deren Wirksamkeit meist nur auf einer globalen Ebene gesucht. Pauschalurteile über ganze Gesellschaften werden gefällt. So wird der modernen Industriegesellschaft oft undifferenziert ein Suchtpotential unterstellt oder allgemein von der „Suchtgesellschaft" gesprochen.

Bei diesen Globalaussagen handelt es sich eher um Meinungen als um empirisch gesicherte Erkenntnisse. *Die* Gesellschaft als einheitlich wirkende Größe gibt es nicht. Gesellschaft ist vielmehr ein Bündel einzelner Wirkungsgrößen. Diese einzelnen Faktoren bestimmen jeweils die Lebenslage, in der sich Personen befinden. Von diesen Faktoren gehen jeweils einzelne Wirkungen aus, die auch im einzelnen analysiert werden müssen. Es sind daher gesellschaftsvergleichende Untersuchungen solcher Faktoren im einzelnen notwendig.

Rechtliche und sozioökonomische Rahmenbedingungen

Hier bieten sich Gegenüberstellungen institutionalisierter Gegebenheiten rechtlicher und sozioökonomischer Rahmenbedingungen in unterschiedlichen Gesellschaften an. Hierbei wird implizit unterstellt, daß ein höherer Grad der Beschränkung der

Erhältlichkeit suchtpräventiv, eine Erweiterung der Erhältlichkeit demgegenüber suchtfördernd wirkt (vgl. Renn 1987).

Gesellschaften können sich in dieser Hinsicht nach der Erhältlichkeit von Suchtmitteln unterscheiden. Nach rechtlichen Regelungen und Marktverhältnissen ist ein Suchtmittel entweder frei, beschränkt oder allgemein nicht erhältlich. Dabei können sich die Beschränkungen auf bestimmte Bevölkerungsgruppen, Abgabeorte, Abgabemengen oder Abgabezeiten beziehen. Man unterscheidet weltweit vier vorgefundene Regulierungsmodelle, die jeweils für die Erhältlichkeit bestimmter Suchtmittel typisch sind:

- Das Suchtmittel ist für jeden frei erhältlich. Jegliche Abgaberegelung fehlt. Das Suchtmittel wird wie jede andere marktgängige Ware behandelt. Beispiel: Schnüffelstoffe.
- Das Suchtmittel ist beschränkt erhältlich. Regelungen bestehen insoweit, als das Suchtmittel nicht an bestimmte Bevölkerungsgruppen, etwa Kinder und Jugendliche, abgegeben werden darf. Weitere Beschränkungen in örtlicher oder zeitlicher Hinsicht bestehen. Für Bezugsberechtigte wird das Suchtmittel jedoch wie jede andere marktgängige Ware behandelt. Beispiel: Alkohol.
- Das Suchtmittel ist beschränkt erhältlich. Regelungen bestehen insoweit, als das Suchtmittel nur für bestimmte Zwecke abgegeben werden darf, etwa für medizinische Zwecke oder für Forschungszwecke. Der jeweilige Zweck wird dabei von einer Kontrollinstanz – etwa dem Gesetzgeber – definiert. Das Suchtmittel wird nicht wie andere marktgängige Waren behandelt, da zur Abgabe nur Personen befugt sind, die aufgrund ihrer Sachkenntnisse beurteilen können, ob ein bestimmter Zweck vorliegt. Beispiel: Medikamente.
- Das Suchtmittel ist allgemein nicht erhältlich. Seine Abgabe ist nicht erlaubt, es sei denn für einen eng umschriebenen Zweck in einem bestimmten Einzelfall. Der Zweck und die besonderen Umstände des Einzelfalls werden von einer Kontrollinstanz unmittelbar festgelegt. Beispiel: illegale Drogen.

Allerdings ist die rein materiale Verfügbarkeit eines Suchtmittels, seine physikalische Griffnähe, nicht allein entscheidend. Die physikalische Griffnähe ist ökonomisch, subjektiv oder sozial modifizierbar.

- Ökonomische Modifizierungen regulieren die Griffnähe über die Erschwinglichkeit. Wegen eines hohen Preises kann diese sehr eingeschränkt sein. So reduzieren entsprechende Verbrauchssteuern zum Beispiel die ökonomische Griffnähe von Alkohol und Tabak.
- Subjektiv kann die Griffnähe durch Manipulation der Bedeutsamkeit, die ein Suchtmittel für eine Person hat, beeinflußt werden. Hier ist Werbung für ein Suchtmittel zentral. So kann ein Suchtmittel durch Werbung mit den gesellschaftlich positiven Werten der Jugendlichkeit und des Erfolgs besetzt und so mit einer hohen Attraktivität versehen werden, mit Eigenschaften, die das Suchtmittel als Produkt an sich nicht hat. Die Zigarettenwerbung zeigt dies exemplarisch.
- Festzuhalten ist allerdings, daß der genaue Wirkungsmechanismus der Suchtmittelwerbung nicht eindeutig bestimmt ist. So wird oft Verfechtern eines Werbeverbots für Tabakwaren entgegengehalten, durch die Werbung allein sei noch niemand zum Raucher geworden. Dem mag so sein. Fest steht jedoch, daß Personen mit positiven Einstellungen zum Rauchen, die etwa den Aussagen „Rauchen schmeckt", „Rauchen ist gemütlich", „Rauchen ist Freiheit" und ähnlichem zustimmen, häufiger und auch mehr rauchen als andere. Das konnten wir in einer Untersuchung des Suchtmittelkonsums Hamburger Jugendlicher zeigen (Renn 1988b).
- Sozial ist die Griffnähe durch soziale Kontakte zwischen Befugten und Unbefugten zu modifizieren. Jeder kennt das Beispiel des älteren Bruders, der dem jüngeren den Zugang zu einer Ware verschafft, die jener nicht kaufen kann. Ebenso gehört der oft zu beobachtende problemlose Zugang von Kindern zu elterlichen Alkoholvorräten hierhin. Auch hier ein Beispiel aus unserer Hamburger Untersuchung. So geben fast drei Viertel der befragten Jugendlichen an, daß bei ihnen zu Hause alkoholische Getränke vorrätig seien. Obwohl Minderjährige hinsichtlich der häuslichen Alkoholvorräte der Eltern stärkerer Kontrolle unterliegen als Volljährige, nutzt der überwiegende Teil

der Minderjährigen den elterlichen Vorrat dennoch als Bezugsquelle.

Die Art der institutionellen Regelung der Erhältlichkeit von Suchtmitteln ist somit eine wichtige gesellschaftliche Wurzel der Sucht. Sie ist allerdings nicht ein unmittelbar bestimmender Faktor der Suchtentwicklung. Vielmehr werden durch diese Gegebenheiten suchtfördernde oder suchthemmende Rahmenbedinungen gesetzt, die sich in indirekter Weise auswirken.

Gesellschaftliche Werte, Normen und Traditionen

Eine solche indirekte Wirksamkeit ist ebenfalls von Werten, Normen und Traditionen zu erwarten, die sich in einer Gesellschaft unter anderem auch auf Suchtmitteln beziehen. Man spricht vom „kulturellen Substrat der Sucht". So ist im abendländischen (okzidentalen) Kulturkreis die soziale Einbindung von Alkohol für dessen zentrale Stellung unter den Suchtmitteln in unserer Gesellschaft von Bedeutung. Dem kann die soziale Integriertheit von bei uns sozial geächteten Drogen, zum Beispiel Haschisch, im orientalen Kulturkreis gegenübergestellt werden.

Beim Alkoholkonsum können nach heute schon klassisch zu nennenden kulturvergleichenden Arbeiten vier Kulturformen unterschieden werden:
- Abstinenzkulturen, in denen jeglicher Alkoholgenuß verboten ist. Beispiel: islamische Länder.
- Ambivalenzkulturen, die durch Konflikte zwischen koexistierenden Werten und Normen gegenüber Alkohol gekennzeichnet sind. Beispiel: USA, England, Skandinavien.
- Permissivkulturen, in denen Alkoholgenuß und auch gelegentlicher -mißbrauch erlaubt, Alkoholabhängigkeit hingegen verpönt sind. Beispiel: mediterrane Länder.
- Permissiv-funktionsgestörte Kulturen, in denen nicht nur Alkoholkonsum, sondern auch häufiger Alkoholmißbrauch und -abhängigkeit gebilligt werden. Allerdings dürfte es diesen Kulturtyp in reiner Form nicht geben. Als annäherndes Beispiel könnte Irland genannt werden.

Die deutschsprachigen Länder scheinen eine Mittelstellung zwischen den zwei zuletzt genannten Kulturen einzunehmen.
Weiter wird zwischen drei kulturbedingten Trinkstilen in den Nichtabstinenzkulturen unterschieden:
- Der erste und der zweite Trinkstil, rituelles und konviviales Trinken, sind fest in sozial geregelte Prozesse eingebunden: das rituelle Trinken in ein bestimmtes Zeremoniell, das konviviale Trinken im alltäglichen Leben wie das Trinken zu den Mahlzeiten.
- Utilitaristisches Trinken hingegen ist ein zweckgerichtetes Trinken aus persönlichen Gründen der Spannungsminderung und Angstlösung: „Wer Sorgen hat, hat auch Likör" sagt schon Wilhelm Busch volkstümlich. Ein solches Trinken erfolgt sozial ungeregelt.

In Permissivkulturen, in denen sozial geregeltes Trinken vorherrscht, sind Alkoholismusraten relativ gering, während in Kulturen, in denen sozial ungeregeltes Trinken dominiert (Ambivalenz- bzw. permissiv-funktionsgestörte Kulturen), hohe Alkoholismusraten zu konstatieren sind. In Mitteleuropa, besonders in Deutschland, dürfte ein Mischzustand zwischen konvivialem und utilitaristischem Trinken vorliegen.

Diese Klassifizierungen von Trinkkulturen und -stilen sind rein deskriptiv. Einen möglichen soziogenen Prozeß, in dem der Einfluß von Werten und Normen vermittelt wird, kann man sich aber anhand folgenden Sachverhalts leicht vor Augen führen: In unserer Gesellschaft ist eine spezifische Reihung verschiedener Suchtmittel nach sozialer Ächtung des Konsums, des Mißbrauchs oder der Abhängigkeit typisch:
- An erster Stelle rangieren die illegalen Drogen, bei denen sowohl der Konsum und erst recht Mißbrauch und Abhängigkeit sozial verfemt sind.
- Hierauf folgt Alkohol. Dessen Konsum wird sozial akzeptiert, nur Mißbrauch und Abhängigkeit unterliegen sozialer Mißbilligung. Gelegentlicher Mißbrauch ist durchaus akzeptabel – wobei hinsichtlich des Grads der Akzeptanz allerdings noch deutlich nach Geschlecht und Alter unterschieden wird.
- Nikotin und Koffein sind demgegenüber Suchtmittel, deren

Konsum aber auch Mißbrauch und Abhängigkeit sozial akzeptiert werden.

Spiegelt diese Rangfolge der Suchtmittel nicht auch gesellschaftlich höchst positiv besetzte Werte wie Aufmerksamkeit, Rationalität und Leistung?

Auch suchtmittelbezogene Normen können Zusammenhänge konstruieren, die naturgemäß gar nicht bestehen, etwa zwischen Geselligkeit und Alkohol. „Zu einer geselligen Runde gehört einfach Alkohol" ist in unserer Gesellschaft eine vielfach verbreitete Vorstellung. Auch ist Männlichkeit oft mit Alkohol assoziiert: „Zu einem richtigen Mann gehört, daß er trinkt". In einer eigenen Untersuchung des Alkoholkonsums junger Männer – insbesondere auch junger Soldaten – konnten wir solche Zusammenhänge zwischen der Zustimmung zu solchen Aussagen und erhöhtem Alkoholkonsum klar nachweisen (Renn u. Feser 1994).

Gerade bei Jugendlichen ist Suchtmittelkonsum oder -mißbrauch oft nur Demonstration und Antizipation des Erwachsenenverhaltens und der dieses Verhalten regelnden Normen. Trinken in der Adoleszenz ist in unserem Kulturbereich Teil eines Sozialisationsprozesses und von daher zunächst ein normales Übergangsphänomen.

Ebenfalls konnten wir in unserer Untersuchung zeigen, daß schon das Eingebundensein in örtliche Traditionen trinkfreudiger Feste wie Karneval/Fasching, Kirmes/Kirchweih, Schützenfest Suchtmittelkonsum stimuliert (Renn u. Feser 1994).

Interessant ist auch, daß die wahrgenommene Zuschreibung einer suchtmittelbezogenen Norm, in Form einer undifferenzierten allgemeinen Etikettierung, bei den Betroffenen konsumstimulierend wirkt. So trinken zum Beispiel junge Soldaten, die der Aussage „Die Bundeswehr ist die Saufschule der Nation" zustimmen, beträchtlich mehr als diejenigen, die dieser Aussage nicht zustimmen (Renn u. Feser 1994).

Aber auch normative Entfremdung kann ein Faktor der Suchtentwicklung sein: Indifferenz und Distanz Jugendlicher gegenüber herrschenden Normen und den normtragenden Instanzen wie Eltern und Lehrer führen zu Konsum illegaler Drogen. Die Hippie-Bewegung der sechziger Jahre des vergangenen Jahrhunderts kann hier allgemein als ein markantes Beispiel herangezogen werden: Suchtmittelkonsum beziehungsweise -mißbrauch dient der bewußten Verletzung von gesellschaftlichen Wertvorstellungen, ist Ausdrucksmittel für sozialen Protest und gesellschaftliche Strukturkritik, eröffnet Zugangsmöglichkeiten zu bestimmten Gruppen und kann Teilhabe an subkulturellen Lebensstilen symbolisieren.

Gesellschaftliche Werte, Normen und Traditionen sind nicht unmittelbar wirkende Faktoren, sondern Rahmenbedingungen, die im konkreten Fall einer speziellen sozialen Lebenslage der Suchtentwicklung das Feld bereiten können.

Soziale Lebenslagen

Bestimmte soziale Lebenslagen bergen besondere Risiken in sich, süchtig zu werden. Lebenslagen bilden das *soziale Substrat* einer Suchtentwicklung. Folgende Sachverhalte werden in dieser Hinsicht häufig als bedeutsam für Suchtmittelkonsum angesehen:
- Geschlecht und Alter,
- berufliche Tätigkeiten,
- regionale Zugehörigkeit, insbesondere der Unterschied zwischen Stadt und Land.

Greifen wir als Beispiel das Geschlecht als Indikator einer sozialen Lebenslage heraus: So ist der Anteil der Suchtmittelkonsumenten, -mißbraucher und -abhängigen unter Männern höher als unter Frauen. Dies konnten wir auch in unserer Untersuchung Hamburger Jugendlicher und Jungerwachsener belegen, wobei festgestellt werden kann, daß sich die geschlechtsspezifischen Anteile immer mehr anzugleichen scheinen (Renn 1988b):
- Zwar trinken junge Männer regelmäßiger und zeigen in höherem Grad Tendenzen einer Alkoholgefährdung als junge Frauen.
- Hinsichtlich der Anteile der Raucher unterscheiden sich junge Männer und junge Frauen jedoch nur noch wenig.

Eine bemerkenswerte Tendenz, die die künftige Angleichung der Geschlechter erwarten läßt, ist, daß heutzutage
- Jungen nicht viel früher als Mädchen mit dem Rauchen beginnen,
- Jungen nicht viel früher als Mädchen erstmals Alkohol trinken,
- Jungen nicht viel früher als Mädchen den ersten Rausch haben und
- Jungen nicht viel früher als Mädchen illegale Drogen nehmen.

Zwischen der Zugehörigkeit zu einer Bevölkerungsgruppierung und der sozialen Lebenslage einer Person, die dieser Gruppierung angehört, besteht allenfalls ein mittelbarer Zusammenhang. Epidemiologische Ergebnisse dieser Art sind somit eher als Hinweise auf „Suchtmilieus" zu deuten. Sie geben Anlaß zu speziellen Milieustudien.

Greifen wir hier als Beispiel die Suchtgefährdung in bestimmten beruflichen Milieus auf (vgl. hierzu und im weiteren Renn 2000). Alkoholismusgefährdet sind nach epidemiologischen Erhebungen die unterschiedlichsten Berufsgruppen:
- angelernte und ungelernte Arbeiter,
- insbesondere in Bauberufen und Berufen des Metallgewerbes,
- Arbeiter im Hafenbereich,
- Berufe des Alkoholgewerbes wie Wirte, Kellner, Brauer oder Kellereiarbeiter,
- Durstberufe wie Köche, Heizer oder Gießer,
- Kontaktberufe wie Vertreter oder Journalisten,
- Unternehmer, Selbständige und Freiberufler.

Der Nachweis von Zusammenhängen zwischen Arbeitssituation und Suchtmittelmißbrauch auf der Grundlage der Berufsgruppenzugehörigkeit bleibt jedoch an der Oberfläche. Die eigentlichen Mechanismen, die in bestimmten Berufsgruppen zu einem erhöhten Suchtmittelkonsum führen, werden hierdurch nicht aufgedeckt.

Neuere Untersuchungen zeichnen sich dadurch aus, daß sie die Belastungen am Arbeitsplatz in den Vordergrund der Betrach-

tung stellen. Eine Überlegung ist dabei maßgebend: Sind Personen am Arbeitsplatz Belastungen ausgesetzt, so stehen sie
- unter Spannungen, die ihre Befindlichkeit beeinträchtigen und sind folglich
- bestrebt, diese Spannungen zu vermindern.
- Suchtmittelkonsum ist eine Möglichkeit, die angestrebte Spannungsverminderung zu erreichen, zumal dann,
- wenn keine anderen Möglichkeiten der Spannungsbewältigung zur Verfügung stehen.

Folgende Belastungsarten werden untersucht:
- Physikalische Belastungen wie Lärm, Hitze, Kälte, Staub, Gefahren stehen im Vordergrund.

Neben diesen physikalischen werden auch psychosoziale Belastungen betrachtet:
- Instrumentelle Belastungen in der Arbeitsdurchführung: hoher Arbeitsanfall, Arbeitstempo, Hetze, Akkord, Anspannung;
- Belastungen im sozio-emotionalen Bereich: Kontrolle durch Vorgesetzte, Mißtrauen, Konkurrenzdruck, Eintönigkeit;
- frustrierende Belastungen: geringer Verdienst, geringe Aufstiegschancen und schlechte allgemeine wie berufliche Zukunftsaussichten.

Die Bedeutung der Belastungen am Arbeitsplatz für den Suchtmittelkonsum ist vielfach belegt: Beschäftigte auf sehr hoch belasteten Arbeitsplätzen trinken regelmäßiger, rauchen mehr und nehmen auch größere Mengen Schmerzmittel zu sich als Beschäftigte, bei denen die Arbeitsbelastung geringer ist.

Aber auch die Beziehung zwischen Belastungen in der Arbeitssituation und Suchtmittelkonsum ist nicht so direkt und unvermittelt, wie es nach diesen Ergebnissen zu sein scheint. Viel mehr gilt, daß objektiv vorhandene Belastungen allein keineswegs erhöhten Suchtmittelkonsum bewirken, sondern
- die subjektive Verarbeitung der Belastungen,
- die Art der sozialen Einbindung des Belasteten sowie
- sozio-kulturelle Gegebenheiten

für Suchtmittelkonsum ebenfalls von entscheidender Bedeutung sind. Diese Sachverhalte bleiben in einer rein individualpsychologischen Betrachtung der Spannungsbewältigung unberücksichtigt. Das werde ich unter Einbeziehung eigener Forschungsergebnisse an einem Beispiel erläutern.

Die renommierte New Yorker Drogenforscherin Dennis B. Kandel veröffentlichte das für sie äußerst überraschende Ergebnis, keinen Zusammenhang zwischen Belastungen am Arbeitsplatz und Suchtmittelkonsum zu finden. Weder für den Konsum von Alkohol, Zigaretten, Marihuana noch von Kokain konnten für verschiedene Berufe, Wirtschaftszweige und unterschiedliche Belastungen am Arbeitsplatz sich unterscheidende Konsumraten ermittelt werden.

Vorschnell könnte das als Hinweis dafür angesehen werden, daß letztlich nur die Persönlichkeit des einzelnen für den Suchtmittelkonsum von Bedeutung sei. Es also die „Suchtpersönlichkeit" doch gäbe.

Eine naheliegendere Erklärung ergibt sich jedoch aus dem Lebensalter der analysierten Population. Es handelt sich um Personen im Alter von 19 bis 27 Jahren. Auch in Untersuchungen der hiesigen Bundeszentrale für gesundheitliche Aufklärung in den achtziger Jahren konnte für die Altersgruppe der 14- bis 29jährigen kein nach arbeitstypischem Belastungsgrad unterschiedlicher Alkoholkonsum festgestellt werden.

Eine gewisse Plausibilität spricht bereits dafür, daß jüngere Altersgruppen weniger mit Suchtmittelmißbrauch auf Belastungen am Arbeitsplatz reagieren als ältere: Im Vergleich zu Älteren können Jüngere sich eher – etwa durch Betriebswechsel – Belastungen am Arbeitsplatz entziehen, da sie bessere Arbeitsmarktchancen haben. Bei Arbeitsplatzunsicherheit scheint man deshalb genötigt zu sein, als Mittel der Spannungsbewältigung eher Suchtmittelkonsum zu wählen.

Dieses Ergebnis ist vergleichbar mit einem Befund, den man in einer Untersuchung zur Arbeitssituation und Arbeitszufriedenheit erzielte. Vermutet wurde, daß Arbeiter, die in ihren Gestaltungsmöglichkeiten sehr eingeschränkte Tätigkeiten durchführen, wegen dieser Belastung höhere Fehlzeiten aufweisen im Vergleich zu Arbeitern, deren Tätigkeiten wenig restriktiv sind.

Das genaue Gegenteil war empirisch der Fall. Das wurde damit erklärt, daß Arbeiter mit stark restriktiven Tätigkeiten leicht zu ersetzen sind und sich infolgedessen diese Arbeiter weniger leisten können, am Arbeitsplatz zu fehlen.

Übertragen auf Suchtmittelkonsum bedeutet das, daß Personen auf unsicheren Arbeitsplätzen auf den Suchtmittelkonsum verwiesen sind, weil sie sich ein anderes Bewältigungsverhalten nicht leisten können. Somit erweist sich Suchtmittelkonsum durchaus als abhängig von der ökonomischen Gesamtlage und damit zusammenhängenden innerbetrieblichen Machtverhältnissen.

Dieser Sachverhalt bestätigt sich auch in einer eigenen Untersuchung (Renn 1988b). Für die Altersgruppe erwerbstätiger Jugendlicher und junger Erwachsenen bis zum Alter von 24 Jahren zeigten sich Ende 1986/Anfang 1987 in Hamburg signifikante Zusammenhänge zwischen Belastungen im Beruf und dem Konsum von Tabakwaren, Alkohol, Medikamenten und illegalen Drogen. Der Unterschied zu den Ergebnissen in den USA mag darauf zurückgehen, daß dort die Bereitschaft, den Arbeitsplatz zu wechseln, stärker ausgeprägt ist als bei uns. Eher ist dies aber darauf zurückzuführen, daß angesichts der relativ hohen Jugendarbeitslosigkeit zum damaligen Zeitpunkt in Hamburg Arbeitsplatzunsicherheit für junge Hamburger eine große Rolle spielte, so daß sie es sich weniger nicht leisten konnten, bei starker Belastung am Arbeitsplatz auf andere Bewältigungsmechanismen als den Suchtmittelmißbrauch zurückzugreifen.

Veränderungen sozialer Milieus als Suchtauslöser

Doch nicht soziale Lebenslagen als solche lösen Suchtmittelmißbrauch aus. Veränderungen sozialer Milieus, in denen Personen leben, können als Initialzündungen einer Suchtentwicklung fungieren.

Schon die vielfach geäußerte Vermutung, Drogenmißbrauch sei ein Krisensymptom der technisch-industriellen Entwicklung und den damit einhergehenden tiefgreifenden sozio-kulturellen Veränderungen, weist darauf hin. Allgemeine gesellschaftliche

Konfliktpotentiale enthielten eine suchtauslösende Tendenz. Dabei wird auf das Ansteigen des Alkoholkonsums im 15. und 16. Jahrhundert in Deutschland verwiesen. In einer sozialhistorischen Analyse wird für die Schweiz eine „Schnapswelle" mit der hochkonjunkturellen Gründerzeit der beginnenden 1870er Jahre in Beziehung gesetzt.

Für die Bedeutung von Umweltbrüchen spricht auch eine Reihe bemerkenswert konsistenter empirischer Ergebnisse zum Alkoholmißbrauch beziehungsweise zum Alkoholismus:
- Personen, die vom Land in die Stadt oder auch von der Stadt auf das Land zogen, gehörten überdurchschnittlich häufig zu den starken Alkoholkonsumklassen.
- Unter in Kliniken untersuchten Alkoholikern wurde noch in den siebziger Jahren ein gegenüber der übrigen Bevölkerung hoher Anteil an Flüchtlingen und Vertriebenen ermittelt.
- Auch können Zusammenhänge zwischen Alkoholismus und andauernder Arbeitslosigkeit als nachgewiesen gelten.
- Ebenfalls wurden unter Nichtseßhaften besonders hohe Raten des Alkoholismus oder der Alkoholismusgefährdung ermittelt.

Weiter stehen einzelne kritische Lebensereignisse mit ihren als abrupten Veränderungen in der materiellen wie sozialen Umwelt in Zusammenhang mit der Suchtentwicklung. Sie umfassen unvorhersehbare, einzigartige Schicksalsschläge wie den plötzlichen Tod eines nahen Angehörigen oder den unerwarteten Verlust des Arbeitsplatzes.

Aber auch vorhersehbare Veränderungen, sogenannte Statuspassagen, die sich im normalen Lebenslauf ergeben – etwa der Eintritt in das Berufsleben, Einberufung zum Militärdienst, Pensionierung –, sind Situationen mit hohem Konsum- und auch Mißbrauchsrisiko. In diesen Zusammenhang gehört auch die Feststellung, daß das typische Alter beginnenden Drogenkonsums dasjenige ist, in dem Jugendliche zwei relativ sichere Orte – Familie und Schule – verlassen.

Anzumerken ist in diesem Zusammenhang, daß Alkoholkonsum – auch exzessiver Art – zu einer Entschärfung von Konflikten beiträgt und ihm somit durchaus eine gesellschaftsstabilisierende Funktion zugeschrieben werden kann. Ein literarisches

Beispiel ist die Glücksdroge „Soma" in Aldous Huxleys „Schöne neue Welt". Doch auch in unserer Alltagsrealität ist der Alkohol sowohl eine sozial integrierte als auch eine *sozial integrierende*, also gesellschaftsstabilisierende Droge zur Entschärfung strukturell angelegter Konflikte. In hierarchischen Strukturen im Betrieb oder beim Militär dient Alkohol oft als soziales „Schmiermittel": Gemeinsamer Alkoholkonsum mit Untergebenen ist dann ein Führungsmittel des Vorgesetzten.

Sozialisationsinstanzen

Gesellschaftlichen Faktoren kommt ferner der Status einer in der individuellen Biographie verankerten fördernden oder hemmenden Bedingung für Suchtmittelentwicklung zu. Als Sozialisationsinstanzen gehören sie zu den wesentlichen Bestimmungsgründen des personalen Handlungsvermögens. Wie eine Person mit Veränderungen sozialer Milieus zurechtkommt, hängt von den jeweiligen *personalen Dispositionen* ab. Dies zeigt auch die Hamburger Jugenduntersuchung (Renn 1988b). Legale wie illegale Stoffe werden von solchen jungen Leuten verstärkt genommen,
– die häufig eine psychisch schlechte Befindlichkeit angeben,
– depressive Tendenzen – ausgedrückt in ernsthaften Selbstmordgedanken – zeigen sowie
– schon früh Tendenzen zu sozial abweichendem Verhalten („Ausreißen von Zuhause") haben erkennen lassen.

Das alles gilt in ganz besonderer Weise beim illegalen Drogenkonsum. Derart disponierte Personen haben in der Regel bereits in einem frühen Alter ihren ersten Alkoholrausch erlebt.
 Zudem wurde festgestellt, daß bestimmte Einstellungen mit illegalem Drogenkonsum zusammenhängen, zum Beispiel gilt:
– Je pessimistischer die Zukunft gesehen wird,
– je schlechter die Gesellschaftsordnung bewertet wird,
 desto häufiger kommt Drogenkonsum vor, desto mehr verschiedene Drogen werden genommen.

Als relevante Sozialisationsinstanzen, die derartige Dispositionen zur Sucht bewirken können, sind im einzelnen zu nennen:
- die Herkunftsfamilie als Vermittler grundlegender Werte, Normen und Fertigkeiten,
- Schule und Beruf,
- der Freundeskreis der Gleichaltrigen und die
- Massenmedien als die „heimlichen Erzieher" in unserer Gesellschaft.

Insbesondere über die Wirksamkeit der Herkunftsfamilie gibt es eine Vielzahl von Befunden. Nach der „Broken-home"-These ist die Unvollständigkeit einer Familie, meist bedingt durch Trennung der Eltern, ein entscheidender Einflußfaktor. Demgegenüber wurde die Bedeutung der Interaktionsgestörtheit in Familien für späteres Mißbrauchverhalten herausgearbeitet: Nicht die Vollständigkeit oder Unvollständigkeit einer Familie sei von Bedeutung, sondern die Art und Weise, wie man in einer Familie miteinander umgeht.

Das konnte auch in der Hamburger Untersuchung (Renn 1988b) bestätigt werden:
- Ein wichtiger Faktor ist das Kommunikationsklima im Elternhaus. Junge Menschen, die ein gutes Verhältnis zu ihren Eltern angeben, die den elterlichen Erziehungsstil als freundlich erleben und das Verhalten ihrer Eltern als vorbildhaft ansehen, konsumieren weniger häufig Zigaretten, Alkoholika und Drogen als diejenigen, für die das nicht der Fall ist.

Allerdings fand in unseren Ergebnissen auch die „Broken-home"-These eine gewisse Bestätigung:
- Personen, die in unvollständigen Familien aufwuchsen oder noch leben, rauchen häufiger, konsumieren als Raucher größere Mengen Zigaretten und haben auch früher mit dem Rauchen begonnen.

☒

Auch das Vorbild elterlichen Konsumverhaltens wird oft als beeinflussende Größe genannt. Die Ergebnisse sind aber keineswegs so eindeutig, wie man es vielleicht als plausibel erwartet hätte.

- Zwar ist einerseits bei stark konsumierenden Eltern auch eine höhere Wahrscheinlichkeit starken Konsums bei den Kindern gegeben. Das konnte auch in der Hamburger Studie eindeutig nachgewiesen werden.
- Andererseits gibt es die legendäre Figur des strikt abstinenten Sohnes eines stark trinkenden Vaters. Hier dürfte die Art der Identifikation des Kindes mit einem Elternteil in frühen Entwicklungsphasen die entscheidende Rolle spielen.

Weiter wurden vielfach korrelative Zusammenhänge zwischen Störungen und Mißerfolg im schulischen Bereich nachgewiesen, die die Hamburger Untersuchung auch für den Ausbildungsbereich bestätigen konnte:
- Je mehr Schwierigkeiten junge Menschen in ihrer schulischen Entwicklung hatten, je schlechter sie ihr Verhältnis zu Lehrern und Ausbildern schildern, desto mehr neigen sie zum Konsum von Zigaretten, Alkohol, Arzneimitteln und illegalen Drogen.

Hinsichtlich der Bedeutung der Freundesgruppe der Gleichaltrigen konnte gezeigt werden, daß ein Zusammenhang besteht zwischen der eigenen Bereitschaft eines Jugendlichen, illegale Drogen zu konsumieren, und der von ihm eingeschätzten Konsumbereitschaft in der gleichaltrigen Bezugsgruppe. Die Hamburger Untersuchung ergab, daß der
- Konsum von Tabakwaren, Alkohol und illegalen Drogen bei jungen Menschen stark gruppenbezogen ist. Häufiger Konsum ist vor allem bei denen vorzufinden, die die Freizeit mit anderen verbringen und in einen Freundeskreis eingebunden sind. Rauchen, aber auch das Probieren von illegalen Drogen, beginnt überwiegend im Rahmen von Cliquen.

Dabei scheint die vorherrschende Gruppennorm bedeutsam für das Verhalten und die Verhaltensprägung in der Gleichaltrigengruppe zu sein. So geht – wie wir in einer Untersuchung junger Soldaten im Wehrdienst zeigen konnten (Renn u. Feser 1994) – von einer dominanten trinkfreundlichen Gruppennorm beträchtlicher Einfluß auf den Alkoholkonsum aus. Zur Ermittlung einer solchen Gruppennorm haben wir in einer Untersuchung junge Männer danach gefragt, wie häufig bei gemeinsamen Überlegungen, was man unternehmen soll, der Vorschlag gemacht wird „einen zu trinken".

Doch ist hier schwer zu entscheiden, ob die Beziehung zwischen der Art der Gleichaltrigengruppe und dem Suchtmittelkonsum auf einem *Sozialisationseffekt* oder einem *Selektionseffekt* beruht. Mit anderen Worten: Wird der einzelne durch die Gruppe zum Drogenkonsum angestiftet (Sozialisationseffekt), oder schließen sich Personen, die Drogen konsumieren wollen, ganz bestimmten Gruppen an (Selektionseffekt)?

Für die Massenmedien als Sozialisationsinstanzen liegt meines Wissens kein genaues empirisches Material zur Suchtentwicklung vor. Wir können hier aber auf die oben bereits angeführte Problematik der Beeinflussung durch Suchtmittelwerbung hinweisen. Auch dürften von drogenbezogenem Konsumverhalten von Idolen wie Stars und sonstigen Publikumslieblingen konsummotivierende Wirkungen ausgehen – sei es, daß in Medien darüber berichtet oder dieses Verhalten konkret gezeigt oder von den Idolen selbst etwa in Filmrollen dargestellt wird.

Fazit

Fassen wir zusammen: Obwohl es die Gesellschaft als einheitliche Wirkungsgröße nicht gibt, ist die Bedeutung einzelner gesellschaftlicher Gegebenheiten für die Suchtentwicklung unverkennbar. Wirkungsmöglichkeiten können in mehrfacher Weise nachgewiesen werden:
- Die institutionellen Gegebenheiten rechtlicher und sozioökonomischer Rahmenbedingungen, die die Erhältlichkeit von Suchtmitteln bestimmen, sind als institutionalisiertes Regulativ potentielle soziale Faktoren der Suchtentwicklung. Sie wirken jedoch nicht unmittelbar, vielmehr konstituieren sie suchtfördernde oder suchthemmende Ausgangspunkte.
- Eine ebenfalls indirekte Wirksamkeit kommt den gesellschaftlichen Werten, Normen und Traditionen zu. Diese bilden das kulturelle Substrat der Sucht, das in speziellen sozialen Lebenslagen die Vorbedingung der Suchtentwicklung ist.

- Gesellschaftliche Faktoren sind bestimmende Momente sozialer Lebenslagen. Sie können als soziales Substrat Suchtmittelkonsum, -mißbrauch und -abhängigkeit begünstigen.
- Veränderungen in sozialen Milieus, insbesondere als Umweltbrüche, kritische Lebensereignisse, aber auch als Statuspassagen des normalen Lebenslaufs können als Initialzündung einer Suchtentwicklung fungieren.
- Als Sozialisationsinstanzen sind gesellschaftliche Sachverhalte fördernde oder hemmende Bedingungen einer Suchtentwicklung, die in der Biographie der einzelnen Person verankert sind.

Literatur

Renn, H. (1987): Prävention. Organisatorische und evaluative Aspekte. In: Kisker, K. P. et al. (Hg.), Abhängigkeit und Sucht. Psychiatrie der Gegenwart. Band 3. Berlin/Heidelberg/New York u. a., S. 53–79.

Renn, H. (1988a): Gesellschaftliche Wurzeln der Sucht. In: Eisenburg, J. (Hg.), Sucht. Ein Massenphänomen als Alarmsignal. Düsseldorf, S. 100–136.

Renn, H. (1988b): Konsum und Mißbrauch von Alkohol, illegalen Drogen, Medikamenten und Tabakwaren bei Kindern und Jugendlichen in Hamburg. Hamburg, Institut für Soziologie.

Renn, H. (2000): Arbeit und Suchtmittelkonsum. In: Badura, B.; Litsch, M.; Vetter, C. (Hg.), Fehlzeiten-Report 1999. Psychische Belastungen am Arbeitsplatz. Berlin/Heidelberg/New York u. a., S. 171–184.

Renn, H.; Feser, H. (1994): Probleme des Alkoholmißbrauchs junger Soldaten im Vergleich zu gleichaltrigen Zivilpersonen – Repräsentative Vergleichsuntersuchung. Arbeitsberichte des Psychologischen Dienstes der Bundeswehr Nr. 3/94, Bundesministerium der Verteidigung, Bonn.

Rieger, K. (1905): Über die Trunksucht und die ‚Suchten' überhaupt. In: Festschrift zu der Feier des fünfzigjährigen Bestehens der unterfränkischen Heil- und Pflegeanstalt Werneck (1855–1905), Jena.

Jobst Böning

Neuropsychobiologische Aspekte des Suchtgedächtnisses und ihre Bedeutung für störungsspezifische Therapiekonzepte

Vorbemerkungen

Der heutige wissenschaftliche Erkenntnisstand zur Neuropsychobiologie süchtigen Verhaltens bestätigt widerspruchsfreie psycho-bio-soziale Modellvorstellungen für die Entstehung und Aufrechterhaltung stoffgebundener wie nichtstoffgebundener Süchte. Für jeden interdisziplinär geschulten Mediziner, Psychologen und Biologen gilt diese Vorstellung heute als selbstverständlich. Nachfolgend soll vor allem für die praktisch-therapeutisch tätige Zielgruppe die Frage erörtert werden, wie die Sucht in das menschliche Gehirn des betroffenen Abhängigen kommt. Man muß als Verfechter eines ganzheitlichen Suchtmodells zur Kenntnis nehmen, daß selbst die Entwicklung einer psychischen Verhaltensabhängigkeit nicht im luftleeren Raum stattfindet.

Die rasanten Fortschritte in der Erforschung gelernten süchtigen Verhaltens lassen zwangsläufig die Frage stellen: Wie geht das menschliche Gehirn als hochkomplexe Kommunikationszentrale in seiner Funktion als personaler Entscheidungsträger damit um, ob und wie lange eine substanzindizierte Befindlichkeitsmanipulation „ungestraftes Glück des Augenblicks" bleibt? Unter welchen individuellen Bedingungen ist klinisch manifest gewordenes Suchtverhalten gleichzeitig immer auch in hirnfunktionellen Systemen „programmiert"?

Das Gehirn ist ein nach allen Seiten hin offenes biologisches Lernsystem, das seine Neuronenvernetzungen durch Erfahrungen der wahrgenommenen Umwelt mit seiner eigenen Befindlichkeit erlebt. Im ständigen Erfahrungsaustausch zwischen dem innerorganismischen Mikrokosmos des Individuums und seinem Makrokosmos im sozialen Feld steht auch gelerntes Suchtverhalten im zunächst wertfreien Kontext. Dieser begreift die Neurobiologie im Zusammenhang von Erleben und Verhalten einerseits und von Struktur und Funktion verhaltensbiologischer Hirnsysteme andererseits. Demzufolge kann die auch phänomenologisch charakterisierbare Sucht als eine chronische mit Rückfällen einhergehende Erkrankung des Gehirns bezeichnet werden, die in einem sozialen wie Verhaltenskontext eingebunden ist (Leshner 1997).

Empirisches Wissen

Die postulierte Existenz eines Suchtgedächtnisses und seine Bedeutung für das Rückfallgeschehen stammt aus der klinisch-empirischen Suchtforschung. Der Begriff „addiction memory" wird erstmals 1972 von Mello erwähnt, auch wenn über die Entstehungsbedingungen eines derartigen Suchtgedächtnisses völliges Unwissen zugegeben wird. Kalant gebrauchte 1973 mit fast gleichsinniger Intention den Begriff *carry over* und impliziert damit sowohl Toleranz- wie Entzugsphänomene. Edwards und Gross sprechen 1976 von *reinstatement*, womit nicht nur die erneute Etablierung von Toleranz- und Entzugsphänomenen, sondern auch die des gesamten klinischen Abhängigkeitssyndroms gemeint ist.

Anhand detaillierter Kasuistiken wies Schrappe 1978 auf die inzwischen nachgewiesene Bedeutung von Lern- und Konditionierungsprozessen für die Entwicklung und Aufrechterhaltung eines in der menschlichen Individualität fixierten, spezifischen „Sucht-Körpergedächtnisses" im zentralen Nervensystem hin. Selbst nach abgeschlossenem körperlichen Entzug und längerfristiger Entwöhnung ist es trotz sicherer Abstinenz in der Lage, die längst vergessen geglaubte Verhaltensweise in bestimmten Schlüsselsituationen erneut zu reaktivieren und damit einen Rückfall auszulösen. In Fortführung dieser Arbeitsrichtung habe ich im letzten Jahrzehnt eine integrative Analyse zu den inhaltlich verwandten Konstrukten „Suchtgedächtnis" und *symbolic (reward-* bzw. *obsessive) craving* einschließlich deren schlüsselreizspezifischer Bedeutung für das Rückfallgeschehen zu erstellen versucht (1991, 1994a, 1994b, 1996, 2000).

Neuropsychologische Aspekte

Allerdings darf das aus empirischem Evidenzerleben ableitbare und vordergründig allzu leicht eingängige Konstrukt „Suchtgedächtnis" nicht in einen analogisierenden Begriffssemantismus abgleiten, der den komplementären Funktionsebenen komplex vernetzter Lern- und Gedächtnisprozesse nicht gerecht würde. Dieser würde eine unzulässige reduktionistische Vereinfachung der Modellvorstellung von neurobiologisch erworbenen Suchtphänomenen darstellen. Die Tatsache, daß süchtiges Verhalten in fundamentalen verhaltensbiologischen Hirnsystemen gelernt und dann auch „gespeichert" wird, impliziert nicht, daß das Selbstreflexion voraussetzende „Süchtige an sich" auch gespeichert würde.

Nicht nur in einer theoretischen und grundlagenorientierten Neuropsychologie muß man davon ausgehen, daß süchtiges Verhalten mit Prozessen der Wahrnehmung, mit Affekten, Gedächtnisvorgängen, Erwartungen, Verhaltens- und Handlungsplänen sowie mit appetitivem Konsumverhalten jeweils zirkulär verbunden ist (Tretter 1998). Darüber hinaus vermag – aufgrund evolutionsbiologisch homologer hirnfunktioneller Strukturen bei Mensch wie Tier – das auf das menschliche Suchtverhalten relativ wirklichkeitsnah übertragbare tierexperimentelle Langzeitmodell einer Verhaltensabhängigkeit das Konstrukt eines irreversibel geprägten Suchtgedächtnisses zu verifizieren (Heyne et al. 2000).

Der Versuch einer ganzheitlichen Betrachtungsweise des empirisch evidenten Phänomens eines Suchtgedächtnisses ist nur unter ausdrücklichem Bezug auf die derzeitig in der Neuropsychologie diskutierten Gedächtnissysteme (Markowitsch 1997; Nolde et al. 1998; Squire u. Zola 1996) erlaubt. Danach werden gegenwärtig vier Gedächtnisarten angenommen: Zwei *deklarati-*

ve (der Inhalt läßt sich meist eindeutig sprachlich wiedergeben) in Form des *semantischen Gedächtnisses* (Wissenssystem für Weltkenntnisse und generelle Zusammenhänge semantisch-grammatikalischer Art) und in Form des *prozeduralen Gedächtnisses* für mechanische und motorische Fertigkeiten und Handlungsabläufe stehen zwei *nichtdeklarativen* Gedächtnisarten in Form des *episodischen Gedächtnisses* und des *Priming* gegenüber.

Das episodische Gedächtnis umgreift autobiographische, größtenteils singuläre Ereignisse sowie nach Ort und Zeit bestimmbare Fakten. Für die Einspeicherung und Konsolidierung sowie für die Abspeicherung und den späteren Abruf werden Assoziationsgebiete des zerebralen Kortex sowie der rechte temporo-frontale basale Kortex verantwortlich gemacht. Das Priming steht für erleichtertes Erinnern von ähnlich erlebten Situationen oder früher wahrgenommenen Reizmustern. Hier werden für Einspeicherung und Konsolidierung sowie für den Abruf jeweils der zerebrale Kortex, für die Abspeicherung Gebiete um die primären sensorischen Felder des zerebralen Kortex als relevante Hirnstrukturen verantwortlich gemacht.

Offenbar kommt im komplizierten Modell integrierter Vergleichssysteme innerhalb der kognitiv-emotionalen limbischen Schleife (Papez circuit of emotion) dem Hippokampus sowie den mit ihm eng verschalteten benachbarten Strukturen im Zusammenhang mit dem temporo-frontalen und zerebralen Kortex eine zentrale Funktion zu bei der hier zur Diskussion stehenden Bildung von Gedächtnisspuren. Dabei scheint die neuronale Repräsentation der Außenwelt – also die Aktivitätsmuster, in denen unser Gehirn die im Lauf des süchtigen Programmierungsprozesses erhaltenen Informationen darstellt und speichert – niemals streng lokalisiert, sondern hochgradig vernetzt zu sein (Engel et al. 1993). Auf dem Hintergrund von Netzwerkhypothesen neuronaler Plastizität kann auf dieser Organisationsebene das jeweils gespeicherte Suchtgedächtnis als individualspezifische „Softwarestörung" interpretiert werden (weitere Einzelheiten s. Böning 1994a, 1994b, 1996, 2000).

Wie lernt das menschliche Gehirn sein Suchtverhalten?

Hierbei kommt der an bestimmte Hirnbereiche gebundenen funktionellen Organisation und Repräsentation von menschlichen Verhaltensmerkmalen eine zentrale Rolle zu. Der Etablierung eines kontrollverlustigen Suchtmittelkonsums oder vermutlich auch einer Tätigkeitssucht (z. B. pathologisches Spielen wie eine Glücksspielsucht) legen bei Mensch wie Tier homologe, neurobiologische Funktionsmechanismen zugrunde. Auch gibt es Belege dafür, daß zeitabhängige Wechselwirkungen von genetischen Dispositionen zum Suchtverhalten, von Umwelteinflüssen und im individuellen Set und Setting gelernten Suchtmittelwirkungen stattfinden. Beim Übergang von der kontrollierten Einnahme zum nicht mehr steuerbaren abhängigen Verhalten kommt es offenbar zu einem individualspezifischen Prägungsprozeß.

Als Ort der Vermittlung und als Speicher sowohl positiver Verstärkerwirkungen von Suchtmitteln als auch bereits der motivationalen Erwartung, zu befindlichkeitsverändernden Suchtstoffen zu greifen, dient das die menschliche Wohlbefindlichkeit bewertende Belohnungssystem (*Reward-System*) im Gehirn (Routtenberg 1988). Dieses fundamentale Funktionssystem zur Regulierung von Stimmung, Antrieb (Goldstein 1989) und komplexem Verhalten hat experimentell belegte Konsequenzen für elementare Funktionen wir Nahrungs- und Flüssigkeitsaufnahme, Sinneswahrnehmungen, Emotionen, intellektuelle Bewertungen sowie Gedächtnis- und Lernprozesse. Dieses eigentlich der Arterhaltung dienende, stammesgeschichtlich sehr alte System fördert durch immer gleichzeitig stattfindendes Verstärkungslernen wie durch Vermeidungslernen (Kalant 1973; Watson et al. 1989) alle Tätigkeiten, die das Wohlbefinden steigern. Es ist darüber hinaus mit explorativer Neugierdeerkundung, Motivationsprozessen, allgemeiner Verhaltensaktivierung, Beibehaltung von stabilisierenden Gewohnheitshierarchien und möglicher Empfindlichkeitsverstärkung gerade durch potentielle Suchtstoffe – oder auch Suchthandlungen – verbunden.

Im Rahmen jeder süchtigen Lerngeschichte werden die Verstärkerwirkungen als Impulse zur Fortsetzung oder Wiederholung von Erlebensakten subjektiven Wohlbefindens definiert, die Entlastung, Befriedigung oder Lust verschaffen. Direkte Verstärkung (euphorieerzeugende Wirkung) und indirekte Verstärkung (Vermeidung von Angst, Unlust und Streß) laufen parallel ab und ergänzen einander (Goldstein 1989; Watson et al. 1989). In diesem für (un-)lustbetonte Gefühlsregungen und Triebmechanismen verantwortlichen Reward- oder Motivationssystem hat der Emotionstransmitter Dopamin besonders funktionelle Beziehungen zu den Endorphinen. Das Belohnungssystem mit seinen Verbindungen zu Strukturen des basalen Vorderhirns ist auch für verstärkte psychomotorische Reaktionen (behavioral sensitization) verantwortlich, wenn Suchtmittel wiederholt gegeben werden (Koob u. Le Moral 1997).

Als Ort von Vergleichsprozessen neuartiger und bekannter Anreize rückt in jüngster Zeit der (prä)frontale Kortex als Teil des Reward- oder Motivationssystems in den Mittelpunkt des Interesses. Hier werden nicht nur allgemeine Funktionen der Willensbildung, des planerischen Denkens und der Abstraktion generiert (Passingham 1993), sondern auch neuartige Informationen verarbeitet. Speziell belohnungsanzeigende Stimuli müssen mit bekannten Stimuli verglichen werden (Rolls et al. 1996; Watanabe 1996). Der präfrontale Kortex hat also spezielle Aufgaben hinsichtlich Erwartung, Antizipation oder Prädiktion unmittelbar belohnender Stimuli zu bewältigen, wobei ein Abgleich mit den in subkortikalen Zentren gespeicherten (konditionierten) Informationen durchgeführt wird (Schultz et al. 1997).

Daraus resultiert eine zeitüberdauernde Verhaltens- und Motivationsänderung (Wise 1996), die sich mit Kontrollverlust, zwanghafter Suchtmitteleinnahme und hoher Rückfalltendenz als Ausdruck eines spezifisch evozierten Suchtgedächtnisses manifestiert (Böning 1991; Squire et al. 1992; Tiffany 1990). Letzteres hat formal eher die Kennzeichen eines impliziten Gedächtnisspeichers und dürfte durch die jederzeit aktivierbaren präfrontalen Vergleichsprozesse von gespeicherten Erfahrungen alle Kriterien des episodischen Gedächtnisses erfüllen (Nolde et al. 1998). Für das episodische Gedächtnissystem bedeutsam ist auch die Rolle emotionaler Ereignisse und somit die unterschiedliche

Mitwirkung limbischer Strukturen, die Emotionen verarbeiten (Markowitsch 1997). Deshalb scheint beim episodischen Gedächtnis oft eine emotionale Komponente mit darüber zu entscheiden, ob Informationen überhaupt aufgenommen und später auf entsprechende Schlüsselbezüge aktiviert werden.

Verhaltenspharmakologische Argumente im Tiermodell

Individual- und situationsspezifisch als verstärkt gelernte Engramme können offenbar bei Mensch und Tier ein Suchtprogramm mit plötzlich auftretenden Entzugserscheinungen selbst dann reaktivieren, wenn Entgiftung und Entwöhnung längst abgelaufen sind. So reagierten zum Beispiel verhaltensabhängig konditionierte Primaten, die immer zu einer bestimmten Musik einen Morphinschuß bekommen hatten, allein auf die erneute Musikexposition mit Entzugssymptomen und neuerlichem Drogensuchtverhalten, auch wenn sie monatelang körperlich entzogen waren und kein Bedürfnis mehr nach der Droge gezeigt hatten. Hier liegt offenbar über lange Zeit etwas im spezifisch abgespeicherten Gedächtnisprogramm parat, das jederzeit wieder abrufbar ist (Böning 1994).

In gleicher Weise sind die tierexperimentellen, verhaltenspharmakologischen Ergebnisse im Langzeit-Lernmodell der Arbeitsgruppe um Wolffgramm und Heyne (1991, 1992, 1995; Wolffgramm 1996) bei unter Zwang, also forcierter „freier Wahl" auf ein Drogeneinnahmeverhalten konditionierten Ratten zu interpretieren, wo im Paradigma gewissermaßen eine voluntative Entscheidungsteilhabe eingeschlossen ist. Nach einer über Monate aufgezwungenen Abstinenz (das gilt für Opiate, Amphetamine und Alkohol) zeigen die vormals zwangskonditionierten Tiere bei neuerlicher freier Exposition mit alternativer Wahlmöglichkeit zwischen Wasser und Suchtmittel keine Präferenz. Dagegen rasteten die ehemals „freiwillig" auf ein Suchtmittel konditionierten und süchtig gewordenen Tiere innerhalb kürzester Zeit auf ein exzessives Suchtmitteleinnahmeverhalten ein, das im Ausmaß das des primär Erlernten weit übersteigt und selbst durch

Vergällungsmaßnahmen nicht zu unterdrücken ist. Warum in diesem relativ wirklichkeitsnah auf die menschliche Suchtpathologie übertragbaren Tiermodell aber nur jeweils die Hälfte der Tiere verhaltensabhängig, also süchtig wird, ist bislang ungeklärt und liegt möglicherweise an der unterschiedlichen genetischen Disposition.

Besonders bemerkenswert ist aber, daß nach einer offensichtlich prägungssensiblen Phase der Suchtentwicklung in diesem Stadium der Verhaltensabhängigkeit alle individuellen und situativen Einflußgrößen wie Dominanzrang in der Gruppe der Tiere oder soziale Kontaktbedingungen wie Einzel- oder Gruppenhaltung ebenso ihre Bedeutung verlieren wie vormalige Suchtmittelprozeduren (Wolffgramm 1996). Dieses lebenslang als molekulare Prägung interpretierte Suchtverhalten veranlaßt die verhaltenspharmakologischen Grundlagenforscher ebenfalls von einem „memory of addiction" zu sprechen (Heyne et al. 2000). Diese eindrucksvollen Befunde bestätigten im Prinzip die bei Mensch wie Tier unabhängig voneinander ablaufende Entwicklung von körperlicher Abhängigkeit und psychischer Verhaltensabhängigkeit. Ebenso wie bei der süchtigen Lerngeschichte des Menschen bestimmt der *motivational-voluntative* Aspekt ganz entscheidend die neurobiologischen Lernmechanismen bei der Entstehung, Aufrechterhaltung und Löschungsresistenz süchtigen Verhaltens.

Klinisch-psychopathologische Evidenzen

Bei der dargelegten funktionellen Homologie verhaltensbiologischer Funktionssysteme spricht auch die psychopathologisch-phänomenologische Evidenz des Rückfallgeschehens beim süchtigen Menschen für sich. Im Kontext der Hypothese eines *memory of addiction* sind sowohl klinische Phänomene wie „Drogen-Flashback" oder „Echorausch" zu sehen als auch plötzliche Rückfälle „trockengelegter" Alkoholkranker. Hier können nicht nur kontextbezogene Schlüsselerfahrungen Anlaß zum Rückfall sein, sondern auch zum subjektiv überwältigend erlebten Ausnahmezustand führen, obwohl kein neuerliches Suchtmittel konsumiert worden ist. Insbesondere beim „episodischen Suchtanfall" (Deissler 1977) längerfristig abstinenter Opiatabhängiger können Heroin-ex-User mitunter sogar Monate bis Jahre nach erfolgreicher Entzugs- und Entwöhnungsbehandlung durch suchtimmanente Schlüsselreize beziehungsweise entsprechende Sinnesreize von einem unwiderstehlich auftretenden, alle Handlungskonsequenzen ausschließenden Bedürfnis nach einem erneuten „Fix" überfallen werden. Daß zum Beispiel allein die drogenspezifische Sondersprache der Szene fähig ist, einen derartigen Reiz auszulösen, haben eindrucksvolle Befunde von Kampe et al. (1996) zeigen können.

Darüber hinaus konnte das aktuelle Auftreten verschiedener Komponenten des Drogenverlangens gefunden werden, in dem die selbsteingeschätzten Reagibilitäten auf gedankliche, situative und emotionale Reizkomplexe mit den Komponenten (entzugs- und wirkungsähnliche Symptome sowie unabweisbare Gedanken an die Drogenversorgung) des konditionierten Abstinenzsyndroms reagieren (Kampe et al. 1995).

Wenn das primär „drogenaive" Gedächtnisrepertoire durch gezielt motivational oder kognitiv gebahnte Substanzwirkungen oder vergleichbare Suchthandlungen erst einmal seine „Unschuld" verloren hat, dann können offensichtlich alle im assoziativen Gedächtnisspeicher mit dem Konsum und der subjektiv erlebten Wirkung einer Substanz oder eines süchtigen Tätigkeitsmusters verknüpften früheren Informationen zu potentiellen Schrittmachern eines späteren Rückfalls werden. Es ist bemerkenswert, daß im Gegensatz zu vielen alltäglichen Gedächtnisbildungen, die auch „die Gnade des Vergessens" kennen, dieses suchttypische Gedächtnisprogramm offenbar nichts ohne weiteres so schnell in das Vergessen entläßt.

Allerdings muß bei der ubiquitären, selbstreferentiellen Organisation und Arbeitsweise des menschlichen Gehirns ergänzt werden, daß es auch bei anderen elementaren Vitalphänomenen wie Schmerz und Angst zu ähnlichen Konditionierungsvorgängen kommen kann, wo ebenfalls Emotionen und Gefühle im Gegensatz zu bloß reflexhaften Reaktionen auch das bewußtwerdende Ergebnis von unbewußten Prozessen sind (Ledoux 1999). Da man inzwischen die neuronalen Wege und Schaltstationen kennt, über die das Einspeichern grundlegender Gefühle und affektbesetzter Sinneswahrnehmungen wie Angst und Schmerz aufgebaut wird, gehören mittlerweile auch die Bezeichnungen wie „Schmerzgedächtnis" und „Gedächtnis für Angst" (Ledoux 1999) zur umgangssprachlichen Begrifflichkeit klinischer und psychopathologischer Phänomene.

Neurobiologische Quantifizierung des Suchtgedächtnises?

Nach diesem Hypothesenkonstrukt wird das Risiko für erneute Suchtmitteleinnahme, also ein Rückfall nach evoziertem *reward-* oder *obsessive craving* (Verheul et al. 1999), durch sogenannte Hinweisreize (*cues*) erhöht. Beobachtungen lassen vermuten, daß diese im Rahmen der regulatorischen und kompensatorischen Konditionierung entstehenden cues nicht nur zu negativen Gefühlen führen oder jedenfalls als unangenehm erlebt werden. Sie können auch als angenehm empfunden werden und ein entsprechendes Annäherungsverhalten auslösen (Mucha et al. 1999). Unabhängig vom physischen *withdrawal-* oder *relief-craving* können auch nach langer Abstinenz ehemals neutrale Reize (Situationen oder Gefühlsstimmungen) mit dem Suchtmittelgebrauch assoziiert werden und ein Suchtgedächtnis aktivieren.

Im Rahmen des Paradigmas der *cue-reactivity* werden gerade auch jenseits des akuten und protrahierten Entzugs längerfristig abstinente Alkohol- und Drogenabhängige sowie gesunde Probanden mit drogenrelevanten positiven, negativen und neutralen Reizen konfrontiert, um die reizinduzierte psychophysiologische Reaktion anhand vegetativer Parameter, des elektrodermalen Hautwiderstands oder mit modernen bildgebenden Verfahren zu messen. Dabei ist der Einfluß von Stimmung, Streßverarbeitung, Ängstlichkeit und affektiver Auslenkbarkeit auf das Substanzverlangen zu berücksichtigen.

In diesen bildgebenden Untersuchungen zum cue-induzierten Craving wurden Aktivierungen in limbischen Hirnarealen beobachtet (Childress et al 1999; Modell u. Mountz 1995), die einerseits mit Gedächtnisprozessen und andererseits mit Prozessen des *reward-craving* (im Gegensatz zum *withdrawal-craving*) assoziiert sind (Olbrich et al. 2000). In einem noch laufenden BMBF-Forschungsprojekt zur Cue-Reaktivität bei Alkoholabhängigen und deren möglicher Veränderbarkeit unter verhaltenstherapeutischer *cue-exposure-therapy* schälen sich drei typologische Subgruppen unterschiedlich manifester Cue-Reaktivität heraus (Szegedi et al. 2000).

Psychophysiologische Untersuchungen zur emotionalen Verarbeitung von drogenassoziierten Reizen bei Alkohol- und Heroinabhängigen legen nahe, daß insbesondere bei abstinenten Drogenabhängigen die eine negative Stimmung induzierenden Reize ein Drogenverlangen auslösen (Grüsser et al. 2000). Physiologische und subjektive reizinduzierte Reaktionen (z. B. Herzfrequenz, Verlangen) scheinen bei abstinenten Alkoholabhängigen im Vergleich zu Opiatabhängigen dichotom zu sein. Dabei legen die Befunde zu Persönlichkeitsvariablen nahe, daß diese eine entscheidende Rolle beim Ausmaß des reizinduzierten Drogenverlangens (und seiner verschiedenen Typen) spielen.

Unserer Arbeitsgruppe ist jüngst die neurophysiologische Quantifizierung und damit das Sichtbarmachen stimulusbezogsgener Cue-Reaktivität anhand kognitiver Komponenten ereigniskorrelierter Hirnpotentiale (EKP) bei längerfristig abstinenten Alkoholabhängigen im Vergleich zu Kontrollen gelungen (Herrmann et al. 2000). Zukünftig bleibt zu prüfen, ob sich unter erfolgreicher „cue-exposure"-Therapie auch die EKP verändern, um als objektiv quantifizierendes Verfahren von Therapieeffektivität oder als Prädiktor für den späteren Verlauf eingesetzt werden zu können.

Interpretation und Therapierelevanz

Was über das Phänomen der Cue-Reaktivität offenbar im klinischen Manifestwerden des Suchtgedächtnisses wirksam wird, scheint das autobiographische oder episodische Gedächtnis zusammen mit dem Priming zu sein. Im Priming-Phänomen wird kontextbezogen und vorbewußt ein Reiz- oder Sinneseindruck wiedererkannt beziehungsweise erinnert, dem man bereits ausgesetzt war, auch dann, wenn der neue Reiz dem früheren lediglich ähnlich oder unvollständig ist (vgl. Markowitsch 1997). Analog zur Schmerz- und Angstkonditionierung findet auch bei dem gedächtnismäßig in den unterschiedlichsten Funktionsebenen programmierten Suchtverhalten ein Lernen statt, das ein völlig anderes ist als jenes, das ein deklaratives Gedächtnis füllt. Dieses Lernen wird offenbar von einem eigenen System vermittelt, das aller Wahrscheinlichkeit nach unabhängig von bewußter Wahrnehmung arbeitet und vermutlich mit der Arbeitsweise des episodischen und Priming-Gedächtnisses erklärt werden kann.

Der Wiederaufnahme von süchtigem Verhalten im Rückfall scheint also eine besondere Ansprechbarkeit auf suchtmittelassoziierte Schlüsselreize zugrunde zu liegen. Diese sogenannte „cue-reactivity" äußert sich in nachhaltig verankerten psychobiologischen Prozessen des alle Handlungskonsequenzen ausblendenden und gierig-dranghaft erlebten Suchthungers (obsessive craving), in heftigen vegetativen Reaktionen oder in affektiv erlebten, kognitiven Assoziationen bei Konfrontation mit einer bekannten Suchtmittelerfahrung. Als Schlüsselreize (Cues) können Anblick, Geruch eines Suchtmittels oder bestimmte suchtmittelbezogene Erfahrungen, Erwartungen oder Stimmungen des im Gedächtnis gespeicherten Settings dienen. Affektive Auslenkungen können auch ohne externen Schlüsselreiz ein ähnliches Craving auslösen.

Dieses Wissen berücksichtigen neuere verhaltenstherapeutische Behandlungsmaßnahmen, die das wechselseitige Prinzip des *Umbaus des Gehirns durch Verhalten und Erleben* reflektieren. Allein durch permanent verstärktes Verhalten und Erleben kommt es auch zum neuroplastischen Umbau im Gehirn. Deshalb sind verhaltenstherapeutische Reizkonfrontationsverfahren („cue-exposure") die längst überfällige logische Konsequenz, um im Gedächtnis gespeicherte Spuren eines rückfallrelevanten Suchtverhaltens zu unterdrücken und – falls überhaupt möglich – zumindest zu überschreiben. Sofern nicht auch versucht wird, die fest engrammierten süchtigen Verhaltensmuster durch *Umlernen am komplementären biologischen Substrat* zu lockern, verharrt das alte Suchtverhalten in jederzeit abrufbarer Lauerstellung (Böning 1994).

Da insbesondere die positive Valenz einer psychoaktiven Substanz (Suchtpotential) besonders „gemerkt" und als Belohnungseffekt gespeichert wird, ist offenbar das menschliche Gehirn des Süchtigen in ganz besonderer Weise dazu befähigt, unterschiedlichste Signalkomplexe und assoziative Zusammenhänge zu verknüpfen. Sie sind nicht unmittelbar beobachtbar und können für den unter Suchtmitteln kompensierten Suchtkranken sogar verborgen sein. Diese symbolisch kodierten Verknüpfungen im Sinn eines erworbenen Suchtgedächtnisses scheinen gerade auch für die Entstehung von Rückfällen mitentscheidend zu sein (vgl. Stewart 1984; Weinstein et al. 1998). Deshalb ist einem derartigen von der *molekularen Trägerebene* über die *neuronale Musterebene* bis zur *psychologischen Bedeutungsebene* besonders im episodischen Gedächtnis etablierten und damit zum Bestandteil der Persönlichkeit gewordenen Suchtgedächtnis therapeutisch auch so schwer beizukommen (Böning 1994a).

Schlußbemerkung

Ob das Suchtgedächtnis möglicherweise auch kausal durch einen therapeutischen Rückprägungsprozeß wieder „löschbar" ist, gehört nach der inzwischen nachgewiesenen Rückprägung einer Opiatsucht im verhaltenspharmakologischen Tiermodell (Wolffgramm 2000) zu den größten Herausforderungen zukünftiger Suchtforschung. Würde sich die derzeitig bereits empirisch in Pilotprojekten verantwortungsvoll in Angriff genommene Überprüfung tatsächlich auf die klinische Therapiepraxis eines Tages übertragen lassen, wäre damit ein bislang nicht für möglich gehaltener, fundamentaler Paradigmenwechsel einer „kausalen" Suchttherapie eingeleitet. Allerdings würde dies den Abhängigen keineswegs von der Notwendigkeit einer grundlegenden Neuorientierung in seiner Wertehierarchie entbinden. Die dauerhafte Korrektur der süchtigen Fehlhaltung bleibt eine unverzichtbare Aufgabe und die vielleicht schwierigste Lektion der Lebensgestaltung, die im Zusammenhang mit lang bewährten therapeutischen Hilfsangeboten letztlich nur vom Kranken selbst zu bewältigen ist.

Literatur

Böning, J. (1991): Zur Neurobiologie und Psychopathologie süchtigen Verhaltens. In: Wanke, K.; Bühringer, G. (Hg.), Folgen der Sucht. Stuttgart, S. 83–99.

Böning, J. (1994a): Warum muß es ein „Suchtgedächtnis" geben? Klinische Empirie und neurobiologische Argumente. Sucht 40: 244–252.

Böning, J. (1994b): „Addiction memory" und „Craving" als neurobiologische Determinanten des Rückfallgeschehens. In: Peters, U. H.; Schifferdecker, M.; Krahl, A. (Hg.), 150 Jahre Psychiatrie – eine vielgestaltige Psychiatrie für die Welt von morgen. Köln.

Böning, J. (1996): Warum muß es ein „Suchtgedächtnis" geben? – Psychopathologische Empirie und neurobiologischer Zugang. In: Trabert, W.; Ziegler, B. (Hg.), Psychiatrie und Zeitgeist. München/Wien, S. 53–64.

Böning, J. (2000): Zur Neuropsychobiologie und Klinik des „Suchtgedächtnisses" In: Stetter, F. (Hg.), Suchttherapie an der Schwelle der Jahrtausendwende. Geesthacht, S. 37–50.

Childress, A. R.; Mozley, P. D.; McElgin, W.; Fitzgerald, J.; Reivich, B. A.; O'Brien, C. P. (1999): Limbic activation during cue-induced cocaine craving. Am. J. Psychiatry 156: 11–18.

Deissler, K. (1977): Der periodische Suchtanfall. Schweiz. Ärztetag 13: 514–517.

Edwards, G.; Gross, M. M. (1976): Alcohol dependence: a provisional description of a clinical syndrome. Brit. Med. J.: 1058–1061.

Engel, A. K.; König, P., Singer, W. (1993): Bildung repräsentationaler Zustände im Gehirn. Spektrum der Wissenschaft 15: 42–47.

Goldstein, A. (Hg.) (1989): Molecular and cellular aspects of the drug addictions. Berlin/Heidelberg/New York/Tokyo.

Grüsser, S. M.; Heinz A.; Flor, H. (2000): Standardized stimuli to assess drug craving and drug memory in addicts. J. Neural. Transm. 107: 715–720.

Herrmann, M. J.; Weijers, H.-G.; Wiesbeck, G. A.; Aranda, D.; Böning, J.; Fallgatter, A. J. (2000): Event-related potentials and cue-reactivity in alcoholism. Alcohol Clin. Exp. Res. 24: 1724–1729.

Heyne, A.; May, T.; Goll, P.; Wolffgramm, J. (2000): Persisting consequences of drug intake: towards a memory of addiction. J. Neural. Transm. 107: 613–638.

Kalant, H. (1973): Biological models of alcohol tolerance and physical dependence. In: Gross, M. M. (Hg.), Alcohol intoxication and withdrawal: experimental studies. Advances in experimental medicine and biology. Vol. 35. New York, S. 3–13.

Kampe, H.; Kunz, D.; Overbeck-Larisch, M.; Steier, M.; Schuchmann, M. (1995): Über das Drogenverlangen bei Drogenabhängigen. Sucht 42: 331–350.

Kampe, H.; Kunz, D.; Overbeck-Larisch, M.; Steier, M.; Schuchmann, M. (1996): Die Bedeutung des Sondersprachgebrauchs Drogenabhängiger für das Erleben und Verhalten. Sucht 43: 18–36

Koob, G.; Le Moral, M. (1997): Drug abuse: hedonic homeostatic dysregulation. Science 278: 52–58.

Ledoux, J. E. (1999): Das Gedächtnis für Angst. Spektrum der Wissenschaft, Dossier 3: 16–23.

Leshner, A. I. (1997): Addiction is a brain disease, and it matters. Science 278: 45–47.

Markowitsch, H. J. (1997): Neuropsychologie des menschlichen Gedächtnisses. Spektrum der Wissenschaft, Dossier 4: 24–33.

Mello, N. K. (1972): Behavioral studies of alcoholism. In: Kissin, B.; Begleiter, H. (Hg.), Biology of Alcoholism. New York, S. 210–219.

Modell, J. G.; Mountz, J. M. (1995): Focal cerebral blood flow change during craving for alcohol measured by SPECT. J. Neuropsychiatry 7: 15–22.

Mucha, R. F.; Geier, A.; Pauli, P. (1999): Modulation of craving by cues having differential overlap with pharmacological effect: evidence for cue approach in smokers and social dringers. Psychopharmacology 147: 306–313.

Nolde, S. F.; Johnson, M. K.; Raye, C. L. (1998): The role of prefrontal cortex during tests of episodic memory. Trends Cognitive Sciences 2: 399–406.

Olbrich, H. M.; Valerius, G.; Feige, B.; Wetzler-Burmeister, E.; Nitzsche, E.; Jüngling, F. (2000): Cue exposure und Alkoholabhängigkeit – eine PET-Studie. Vortrag 13. Wissenschaftl. Tagung DG-Sucht e. V., 6.4.2000, Würzburg.

Passingham, R. (1993): The Frontal Lobes and Voluntary Action. Oxford.

Rolls, E. T.; Critchley, H. D.; Mason, R.; Wakeman, E. A. (1996): Orbitofrontal cortex neurons: role in olfactory and visual association. J. Neurophysiol. 75: 1970–1981.

Routtenberg, O. (1988): Das Belohnungssystem des Gehirns. In: Gehirn und Nervensystem. Spektrum der Wissenschaft, S 161–167.

Schrappe, O. (1978): Abhängigkeit – Symptom oder Krankheit? In: Keup, W. (Hg.), Sucht als Symptom. Stuttgart, S. 29–37.

Schultz, W.; Dayan, P.; Montague, P. R. (1997): A neural substrate of prediction and reward. Science 275: 1593.

Squire, L. R.; Ojemann, J. G.; Miezin, F. M.; Petersen, S. E.; Videen, T. O.;

Raichle, M. E. (1992): Activation of the hippocampus in normal humans: a functional anatomical study of memory. Proc. Natl. Acad. Sci. 89: 1837–1841.

Squire, L. R.; Zola, S. M. (1996): Structure and function of declarative and nondeclarative memory systems. Proc. Natl. Acad. Sci. 93: 13515–13522.

Stewart, J. (1984): Reinstatement of heroin and cocaine self-administration behavior in the rat by intracerebral application of morphine in the ventral tegmental area. Pharmacol. Biochem. Behav. 20: 917–923.

Szegedi, A.; Lörch, B.; Scheurich, A.; Ruppe, A.; Hautzinger, M.; Wetzel, H. (2000): Cue exposure in alcohol dependent patients: preliminary evidence for different types of cue rectivity. J. Neural. Transm. 107: 721–730.

Tiffany, S. T. (1990): A cognitive model of drug urges and drug-use behavior: role of automatic and non-automatic processes. Psychol. Rev. 97: 147–168.

Tretter, F. (1998): Ökologie der Sucht. Göttingen.

Verheul, R.; Brink, W. van den; Geerlings, P. (1999): A three-pathway psychobiological model of craving for alcohol. Alcohol & Alcoholism 34: 197–222.

Watanabe, M. (1996): Reward expectancy in primate prefrontal neurons. Nature 382 (6592): 629–632.

Watson, S. J.; Trujillo, K. A.; Herman, J. P.; Akil, H. (1989): Neuroanatomical and neurochemical substrates of drug-seeking behaviour: overview and future directions. In: Goldstein, A. (Hg.), Molecular and cellular aspects of the drug addiction. Berlin/Heidelberg/New York/Tokyo, S. 29–91.

Weinstein, A.; Lingford-Hughes, A.; Martinez-Raga, J.; Marshall, J. (1998): What makes alcohol-dependent individuals early in abstinence crave for alcohol: exposure to the dring, images of drinking, or remembrance of drinks past? Alcohol. Clin. Exp. Res. 22: 1376–1381.

Wise, R. (1996): Neurobiology of addiction. Curr. Opin. Neurobiol. 6: 243–251.

Wolffgramm, J. (1996): Die Bedeutung der Grundlagenforschung für die Behandlung von Abhängigen. In: Mann, K.; Buchkremer, G. (Hg.), Sucht: Grundlagen, Diagnostik, Therapie. Stuttgart, S. 3–18.

Wolffgramm, J. (2000): Rückprägung als Ansatz einer kausalen Therapie der Opiatsucht. Vortrag 13. Wissenschaftl. Tagung DG-Sucht e. V., 7.4.2000, Würzburg.

Wolffgramm, J.; Heyne, A.; (1991): Social behavior, dominance, and social deprivation of rats determine drug choice. Pharmacol. Biochem. Behav. 38: 389–399.

Wolffgramm, J.; Heyne, A. (1992): Kontrollierte Substanzeinnahme versus Abhängigkeit: Die Entwicklung einer Sucht im Tiermodell. Sucht 38: 93–96.

Wolffgramm, J.; Heyne, A. (1995): From controlled intake to loss of control: the irreversible development of drug addiction in the rat. Behav. Brain Res. 70: 77–94.

Uwe Büchner

Ethische Dimensionen des Krankheitsbegriffs

Am Beispiel vorzeitiger Behandlungsbeendigung

Nachdem das Bundessozialgericht 1968 dem Alkoholismus den Status einer Krankheit verliehen hatte, entwickelte sich in Deutschland ein Versorgungssystem für Suchtkranke, das hohen medizinischen und ethischen Anforderungen genügt.

Allerdings war der häufig geübte Umgang mit rückfälligen Alkoholkranken nicht mit der Erkenntnis in Einklang zu bringen, daß Alkoholiker beim Trinken einem unwiderstehlichen inneren Drang zum Trinken erliegen, dem Kontrollverlust, der die Kasseler Richter zu ihrem Urteil geführt hatte, weil sie in ihm ein die freie Willensbestimmung ausschließendes Symptom mit Krankheitscharakter erkannt hatten.

Im Zug von Sparmaßnahmen im Gesundheitswesen droht nun, wenn dies nicht bereits partiell eingetreten ist, ein Rückfall in die Zeit vor 1968, weil der Einschränkung der freien Willensentscheidung bei der Beurteilung der Krankenhausbehandlungsbedürftigkeit durch die Kostenträger nicht der erforderliche Krankheitswert beigemessen wird. Es droht die Gefahr, zu einem Krankheitsbegriff zurückzukehren, der auf die rein körperliche Ebene reduziert ist und die psychischen Anteile der Abhängigkeit als nicht krankenhausbehandlungsbedürftig erklärt. Eine fachgerechte Behandlung der Alkoholkrankheit erfordert jedoch eine ganzheitliche Berücksichtigung körperlicher und psychischer Phänomene.

Diese reduktionistische Tendenz hat insbesondere im Bereich der sogenannten Entzugsbehandlung zu Begrenzungen der Kostenübernahmen auf nur wenige Tage geführt. Damit sind minimale Therapiedauern nicht mehr gesichert, und der in der Empfehlungsvereinbarung von 1978 empfohlene „nahtlose Übergang von der Entzugsbehandlung in die Entwöhnungsbehandlung" kann nicht mehr sichergestellt werden. Darüber hinaus wird die Gruppe der chronisch mehrfach geschädigten Alkoholkranken, für die eine Entwöhnungsbehandlung nicht in Frage kommt, zunehmend aus dem Indikationsbereich von Krankenhausbehandlung verdrängt, weil die auch von der Expertenkommission der Bundesregierung (Bundesministerium für Jugend, Familie, Frauen und Gesundheit 1988) empfohlene langfristige psychiatrische Krankenhausbehandlung immer öfter von den Krankenkassen abgelehnt wird.

Diese bedenkliche Entwicklung bringt behandelnde Ärzte in Gewissensnot und gibt Anlaß, sich wieder verstärkt Gedanken über den Krankheitsbegriff des Alkoholismus und ethische Grundprinzipien zu machen, die im Rahmen der Alkoholikerbehandlung beachtet werden müssen.

Wenn wir das Modell der vier ethischen Grundprinzipien nach Beauchamp und Childress (1983) auf die Praxis der gegenwärtigen Alkoholikerbehandlung anwenden, treffen wir auf Verstöße gegen ethische Prinzipien und sind gezwungen, uns Gedanken darüber zu machen, wie wir wieder zu einer Übereinstimmung von Versorgungspraxis und Ethik kommen können.

Beauchamp und Childress schlagen vier Leitprinzipien vor:
– Respekt vor der Autonomie des Menschen (informed consent),
– das Gebot der Schadensvermeidung (primum non nocere),
– die Verpflichtung zur Hilfe (Paternalismus),
– das Prinzip der Gerechtigkeit (z. B. Ressourcenverteilung).

Beim Krankheitsbegriff orientieren wir uns an der Definition der WHO, die körperliche, seelische und soziale Faktoren einschließt.

Rückfall, Krankheitsbegriff und Ethik

Wir definieren den Rückfall eines Alkoholkranken „als erneutes Trinken von Alkohol nach einer absichtlich eingehaltenen Phase der Abstinenz" (Büchner 1984). Trotz der Anerkennung des Alkoholismus als Krankheit durch Urteil des Bundessozialgerichts im Jahr 1968 und der damit verbundenen Implikation, daß der Kranke dem Einfluß körperlicher und psychischer Faktoren erliegt, die jenseits seiner individuellen Kontrolle liegen, stellen sich beim Kranken regelmäßig Schuld- und Schamgefühle ein, wenn er rückfällig wird. Im Verlauf einer vorangegangenen Therapie war das Gefühl, einem unwiderstehlichen inneren Drang zum Trinken folgen zu müssen, meist sehr schnell der Überzeugung gewichen, „wieder Herr im eigenen Haus zu sein", also einem eventuell auftretenden Trinkwunsch widerstehen zu können. Die damit einhergehende Vorstellung, wieder zu einer selbstbestimmten Lebensführung fähig zu sein, stärkte das verletzte Selbstwertgefühl beträchtlich und war Voraussetzung für weitere progressive Schritte in allen Lebensbereichen. Dementsprechend schwer wiegt bei Rückfälligkeit die Kränkung, trotz allen Wissens um die Alkoholkrankheit und steter Bemühung um Abstinenz, erneut die Selbstkontrolle verloren zu haben, die Beschämung, rückfällig vor seinen Therapeuten und Angehörigen zu stehen, und die Beladenheit mit Schuldgefühlen, weil sich der Gedanke aufdrängt, vielleicht doch Fehler gemacht zu haben.

Marlatt (1978) beschreibt die psychischen Folgen des Rückfalls als „Abstinenzverletzungssyndrom (AVS)", in dessen Rahmen das Selbstbild des abstinenten Alkoholikers zusammenbricht, nachdem er sich persönlich einen Teil des bisherigen Erfolgs zuschrieb und deshalb den Rückfall gleichermaßen als eigene Schwäche, Versagen und Schuld erlebt.

Auch bei Verwandten und Arbeitskollegen werden Rückfälle mit Schuldvorwürfen beantwortet. Zweifellos hat der Kranke das Glas mit Alkohol doch selbst zum Mund geführt, also eine Willkürhandlung seiner Motorik vorgenommen. Kaum vorstellbar, daß das unter Ausschluß freier Willensbestimmung erfolgt sein solle, wird argumentiert, und man habe nun als fatale Konsequenz des Rückfalls erneut die Hoffnung zu begraben, daß der

Alkoholkranke seinen Verpflichtungen in Familie und Beruf nachkommt.

Der Rückfall als Erfolgskriterium

In Therapieeinrichtungen für Suchtkranke wird Erfolg oder Mißerfolg der Therapie überwiegend an der rückfallfreien Beendigung der Therapie und fortdauernder Abstinenz gemessen. In dieser Betrachtungsweise kommt eine Überbewertung des Kriteriums Rückfall zum Ausdruck, weil andere wichtige Parameter wie die Entwicklung der Persönlichkeit mit ihren Auswirkungen auf die Beziehungsentwicklung und die berufliche Entwicklung außer acht bleiben (Büchner 1997). Zahlreiche Krankheitsverläufe zeigen, daß ein Rückfall, der nur wenige Tage dauert, weil der Patient frühzeitig therapeutische Hilfe in Anspruch nimmt, einen erfolgreichen Genesungsprozeß kaum schmälert und die Persönlichkeitsnachreifung mit ihren erfreulichen Auswirkungen auf die Beziehungsentwicklung und die berufliche Konsolidierung erneut voranschreitet.

Der Rückfall als Lernprozeß

Die therapeutische Rückfallbearbeitung ist Gelegenheit, aus dem Rückfall zu lernen. Es kann geklärt werden, in welchem psychosozialen Kontext sich der Rückfall (der Griff nach dem ersten Glas) ereignet hat. Aus den Erfahrungen des Rückfalls können unter Berücksichtigung früherer Erfahrungen aus ähnlichen Situationen gedankliche Schlußfolgerungen gezogen werden, aus denen Vorsätze und Verabredungen für zukünftiges Verhalten resultieren. Die Frage, bin ich wirklich alkoholkrank oder nicht, wird aktualisiert und erneut beantwortet.

Nicht selten wird uns anläßlich eines Rückfalls erst richtig deutlich, daß der betreffende Patient im bisherigen Therapieverlauf sehr verschlossen war und weitgehend isoliert am Rand der therapeutischen Gemeinschaft und seiner speziellen Gruppe lebte. Die bessere Zugänglichkeit des Patienten in der psychosozialen Notlage des Rückfallgeschehens bietet dann erstmalig die Möglichkeit für Therapeuten und Mitpatienten, mit ihm intensiver in Berührung zu kommen und den Grundstein für die weitere Zusammenarbeit zu legen. Wohlfarth (1995) führt aus, daß Alkoholiker „in der labilen Stimmung unmittelbar nach dem Rückfall offener und mitteilungsbedürftiger als sonst sind". Auch bei Patienten nach Suizidversuchen wird dieses „therapeutische Fenster" (Reimer u. Arentewicz 1993) genutzt.

Der mögliche Lerneffekt eines Rückfalls hat Marlatt (1978) erwägen lassen, geplante Rückfälle in die Therapie einzuführen. Solche „programmierten Rückfälle" bergen jedoch unkontrollierbare Risiken für Gesundheit und Leben des Patienten in sich und sollten aus medizinethischen Erwägungen (Beauchamp u. Childress 1983), die uns zur Schadensvermeidung verpflichten, unterlassen werden. Wir halten es außerdem im Rahmen einer psychoanalytisch-interaktionellen Therapie für bedenklich, als Co-Alkoholiker zu agieren und damit unsere Beziehung zum Patienten mit partiell destruktiven Aspekten zu belasten.

Der Rückfall im psychoanalytischen Krankheitsverständnis

Der Umgang mit rückfälligen Alkoholkranken wird wesentlich vom Krankheitsbegriff der jeweiligen therapeutischen Schule und vom Grad der konsequenten Anwendung dieses Krankheitsbegriffs abhängen. Aus psychoanalytischer Sicht (Böhle u. Büchner 1992) ist Alkoholismus ein Verhalten, das unter aktuellen psychosozialen Belastungssituationen auftritt und in seiner Gesamtheit nur durch das Verständnis der frühkindlichen und adoleszenten Entwicklung der intrapsychischen Strukturen des Patienten vollständig erfaßt werden kann.

Mit Beginn und Entwicklung des unkontrollierten Trinkens setzt beim Patienten eine sowohl psychisch wie biologisch bedingte Regression auf infantile, archaische Verhaltensmuster ein, die seine frühkindlich erworbenen seelischen Entwicklungsstörungen unterhält oder sogar noch vertieft.

Der unkontrollierte Konsum von Alkohol beim Entstehen der manifesten Alkoholkrankheit ist also sowohl Folge von seelischen Entwicklungsstörungen als auch deren Stabilisator. Durch die emotionale Besetzung und Personalisierung der Droge Alkohol und durch deren Integration in die sozialen und körperlichen Bezüge des Patienten, entwickelt sich der dranghafte Kreislauf von Rückfall und Entzug, der eine eigentümliche Dynamik und Automatik scheinbar fernab von der Biographie des einzelnen Patienten gewinnt. Die genauere Exploration von Alkoholkranken beweist jedoch immer wieder die verbindliche Beziehung zwischen ihrem süchtigen Trinken und ihrer seelischen Struktur, in der sich die Erfahrungen ihrer frühen Lebensentwicklung aktualisieren. Die psychoanalytische Entwicklungslehre unterscheidet dabei zwei große klinisch relevante Phasen frühkindlicher Entwicklung. In der ersten, sogenannten präödipalen Phase, die von der Mutter-Kind-Dyade geprägt ist, kommt es zur Reifung von Ich-Funktionen und der Ausbildung stabiler innerer Bilder von der Welt und den wichtigen Bezugspersonen. Störungen in dieser Phase führen zu einer „Entwicklungspathologie" (A. Freud 1974).

Die zweite, sogenannte ödipale Phase steht unter dem Zeichen des Dreiecks zwischen Eltern und Kind und zeichnet sich durch die Auseinandersetzung mit widersprüchlichen Gefühlswünschen aus, die der Patient aufgrund seiner stabileren Ich- und Objektbeziehungsstrukturen entweder verdrängen kann oder an denen er durch kompromißhafte Symptombildung erkrankt (Konfliktpathologie). Die Einführung dieser beiden Phasen frühkindlicher Entwicklung ist nützlich, weil sie bei Störungen unterschiedliche psychoanalytische Behandlungstechniken implizieren.

Alkoholkrankheit ist also die Endstrecke einer großen Vielfalt seelischer Erkrankungen, die sowohl auf einer Konfliktpathologie wie auch einer Entwicklungspathologie beruhen können. Die Erfahrung gerade der letzten Jahre jedoch lehrt, daß der überwiegende Teil der Alkoholkranken Störungen im Bereich der ersten Entwicklung von Ich-Funktionen (Büchner 1993) und von Objektrepräsentanzen aufweist.

Folglich sind Ziel und Wesen einer psychoanalytisch orientierten Behandlung Alkoholkranker die Unterstützung der Abstinenz des Patienten durch Klärung und Besserung seiner Ich-Funktionsdefizite und von Störungen der Entwicklung seiner inneren Objekte. Dieses Krankheitsverständnis schließt den Rückfall als Folge von seelischen Entwicklungsstörungen ein und macht ihn zum Fokus intensiver diagnostischer und therapeutischer Bemühungen. Diese haben das Ziel, dem Patienten durch Verbesserung seiner ich-strukturellen Möglichkeiten eine dauerhafte Abstinenz zu ermöglichen.

Der Umgang mit rückfälligen Alkoholkranken

Aus der konsequenten Anwendung dieses Krankheitsbegriffs ergibt sich ein rational begründbarer Umgang mit rückfälligen Alkoholkranken, der, wie bei anderen Krankheiten selbstverständlich üblich, im Fall einer Verschlimmerung der Krankheit (Rückfall) zu einer Verstärkung der diagnostischen und therapeutischen Bemühungen führt.

Auch Körkel (1995) betont: „Die grundsätzliche Entlassung nach stationärer Rückfälligkeit kann im Rahmen des Verständnisses von Alkoholismus als einer Krankheit als Widerspruch in sich selbst angesehen werden."

Es gibt Kliniken (Wernado 1995), die mit ihren Patienten einen Vertrag schließen, in dem die Abstinenz von Suchtmitteln während der Therapie festgelegt wird. Die Gültigkeit dieses Vertrags wird auf die Vertrags- beziehungsweise Rechtsmündigkeit bezogen und dient als Grundlage für die Entlassung rückfälliger Patienten. Hier dominieren nun eindeutig juristische Vorstellungen das Krankheitsverständnis, und wir erinnern uns an Wurmser (1990), der zu Recht bemerkt: „Es handle sich um eine Krankheitseinheit, die durch Kontrollverlust, also durch die Einbuße innerer Freiheit, bis zu völliger Abhängigkeit und Hilflosigkeit bestimmt sei. Doch dann wird im Handumdrehen von den Kranken verlangt, daß sie auf ihre krankhaften Handlungen und Haltungen willentlich verzichten, um allein so der Vorteile der angebotenen Behandlung teilhaftig werden zu können."

Einerseits bietet in der Tat eine gut geführte Suchtklinik eine „erleichternde Umgebung" (Winnicot 1974), in der Patienten einen Zustand des ruhigen Wohlbefindens erleben können, der ihnen den Verzicht auf alte Abwehrformen, wie das Trinken von Alkohol, probehalber ermöglicht und den geistigen und körperlichen Spielraum für kreative Akte neuer Problemlösungsmöglichkeiten gibt. Das schlagartige Verschwinden von Trinkwünschen und das Entstehen relativen Wohlbefindens im stationären Setting ist für manche Patienten so überraschend, daß sie vermuten, von den Therapeuten heimlich ein Medikament ins Essen gemischt zu bekommen. Solche Vermutungen der Patienten geben uns Gelegenheit auf ihre manipulativen Beziehungserfahrungen und ihre einseitige Theorie der stoffgebundenen Befindlichkeitsbeeinflussung einzugehen und ihnen vor allem vor Augen zu führen, daß sich eine auf Abstinenz und Persönlichkeitsnachreifung ausgelegte Therapie fördernd auf Ich- und Über-Ich-Funktionen auswirkt.

Trotz der sich einerseits häufig sehr schnell einstellenden abstinenzerleichternden Wirkung des therapeutischen Milieus wissen wir andererseits, daß der Genesungsprozeß Alkoholkranker in Jahren zu bemessen ist, Störungen unterliegt und Rückfälle einschließen kann, die keineswegs automatisch zu Entlassungen führen dürfen.

Es entspricht auch nicht unserer Erfahrung, daß das Verbleiben rückfälliger Patienten die Abstinenz von Mitpatienten gefährdet, die Entlassung des Rückfälligen also zum Schutz von Mitpatienten vorgenommen werden müsse. Diese Ansicht beruht möglicherweise auf dem Irrtum, daß Alkoholkranke nur auf eine Gelegenheit zum Trinken warteten und das Beispiel eines rückfälligen Mitpatienten, der bleiben darf, als Aufforderung und Alibi für einen eigenen Rückfall dienen könne.

Es gibt noch weitere rationalisierende Argumente, die nicht darüber hinwegtäuschen können, daß, wie Rost (1987) ausführt, „sich die Therapeuten mit solchen disziplinarischen Entlassungen vor eigenen Gefühlen der Kränkung und Enttäuschung und der Beraubung ihrer therapeutischen Potenz zu schützen versuchen". Insbesondere wenn die Entlassung von Sadismen begleitet wird, verstärkt sie destruktive Introjekte und treibt Patienten in die weitere Selbstzerstörung. Es verwundert insofern nicht, daß Küfner und Feuerlein (1989) fanden, daß die Untersuchung von Abstinenzraten unterschiedlicher Patienten über den Zeitraum von 18 Monaten nach stationärer Entwöhnungsbehandlung ergab, daß nur 4,5 Prozent wegen stationärer Rückfälligkeit vorzeitig Entlassener abstinent waren. Demgegenüber steht die stattliche Zahl von 42 Prozent Abstinenter, die nach einem stationären Rückfall weiterbehandelt wurden.

Diese Überlegungen und Zahlen belegen eindeutig, daß der Krankheitsbegriff auch bei einem Rückfall konsequent angewendet werden muß, um zu einem rational begründbaren Umgang mit rückfälligen Alkoholkranken zu finden, wie das inzwischen nach einer von uns durchgeführten Umfrage in der überwiegenden Zahl von Fachabteilungen und Fachkliniken für Suchtkranke der Fall ist.

Wohlfarth (1991 und 1995) beschreibt ein 4-Schritte-Modell der stationären Bearbeitung von Alkoholrückfällen, Lauer, Richter und Sohns (1996) geben in einem Rahmenmodell Anregungen für eine weitere Differenzierung und empirische Evaluation. Leider sieht das Konzept Wohlfarths eine Entlassung nach dem zweiten Rückfall vor. Darin wird eine Tendenz deutlich, das Krankheitskonzept des Alkoholismus bei offenbar besonders Schwerkranken und schwierigen Verläufen doch wieder aufzugeben, anstatt sich mit verstärkten diagnostischen und therapeutischen Bemühungen dem Schwerkranken zuzuwenden und gegebenenfalls den beschützenden Rahmen einer geschlossenen Station in Betracht zu ziehen.

Rückfallbearbeitung in einer psychoanalytisch-interaktionellen Alkoholikertherapie

Wir pflegen bereits seit der Gründung unserer Abteilung im Jahr 1970 einen differenzierten Umgang mit rückfälligen Alkoholkranken (Büchner 1984, 1997). In mehreren Gesprächen mit dem rückfälligen Patienten unter Einbeziehung des „Slip-Komitees" (Slip = Ausrutscher = Rückfall), einem von der Patientenvollversammlung gewählten Gremium aus Vertrauenspatienten, das den Klärungs- und Entscheidungsprozeß mitträgt, versuchen wir nach einem Rückfall den äußeren Ablauf des Ereignisses und die psychosoziale Situation des Patienten zu klären und auch die Frage nach Fortsetzung oder Beendigung der Therapie zu stellen.

Dabei haben wir festgestellt, daß unter den rückfälligen Patienten mindestens zwei Gruppen zu unterscheiden sind, die auch die

Anwendung unterschiedlicher therapeutischer Konsequenzen erfordern.

Es gibt Rückfälle, die *ich-synton* sind, also mit den bewußten Strebungen und Überlegungen des Patienten im Einklang stehen. Davon unterscheiden wir *ich-dystone* Rückfälle, bei denen unter dem Einfluß nicht steuerbarer innerer Kräfte erneut Alkohol getrunken wird und eine Dissonanz zwischen dem Rückfall und den bewußten Absichten des Patienten deutlich wird. In diesen Fällen handelt es sich um erneute Bewältigungsversuche psychischer Notsituationen mit Hilfe des Alkohols, bei denen es meist um phantasierte oder reale Objektverluste mit drohender Angstentwicklung geht. Bei der ersten Gruppe, den ich-nahen Rückfällen, haben sich vom Trinkwunsch genährte Zweifel an der Notwendigkeit der Abstinenz durchgesetzt und zu erneuten Trinkversuchen geführt. Diese sind um so verhängnisvoller, als sie häufig zunächst tatsächlich scheinbar gelingen. Die Patienten können, wie sie sich dies vornehmen, nach dem Genuß kleiner Trinkmengen aufhören, ohne sofortige schädliche Folgen zu spüren. Diese Erfahrung führt zu einer Festigung der Überzeugung, wieder trinken zu können, und stellt meist ein unüberwindliches Hindernis für die Fortsetzung der auf Abstinenz gerichteten therapeutischen Bemühungen dar. Nur in diesen Fällen erscheint eine Beendigung der Therapie rational begründbar: Eine zu Erfolglosigkeit verurteilte Therapie sollte man nicht fortsetzen. Bei der anderen Gruppe hat es sich jedoch gezeigt, daß eine Fortsetzung der Therapie, die zwangsläufig wegen der gemeinsam zu meisternden Krisensituation intensiver verläuft, zu einem erfolgreichen Abschluß führen kann, insbesondere dann, wenn die Rückfälle besonders heftig verliefen und die Patienten erschreckt über einen mit Kontrollverlust ablaufenden Rückfall, der sie in kürzester Zeit schwer schädigt, unter erhöhtem Leidensdruck ebenfalls die Therapie fortsetzen wollen.

Fallbeispiel: Ein 32jähriger Elektriker besuchte während eines Ausgangs seine Eltern und wurde nach einigen Stunden „sturzbesoffen" von der Feuerwehr in die Klinik zurückgebracht. Einen Tag nach der Ausnüchterung ergab die Klärung des äußeren Ablaufs und der psychosozialen Situation des Patienten, daß er seine

Eltern mit der Absicht aufgesucht hatte, mit ihnen erste Einsichten in seine psychische Entwicklung zu besprechen, die er in der Therapie gewonnen hatte, und in der Erwartung, dafür gelobt zu werden, daß er bereits seit einigen Wochen keinen Alkohol mehr trank und endlich den Entschluß zur Therapie gefaßt und durchgehalten hatte.

Statt dessen saßen Vater und Mutter wie üblich vor dem Fernsehapparat, Vater mit Bier, Mutter mit diversem Knabbergebäck. Sie hatten kaum aufgeblickt und ihn gebeten, handwerkliche Arbeiten in der Wohnung auszuführen. Nachdem er alles erledigt hatte, war er, ohne sich zu verabschieden, still gegangen. Auf dem Weg sei ihm die vertraute Umgebung schlagartig verändert erschienen, fremd und kalt. Innerlich habe er sich „wie tot" gefühlt und wurde von einer ängstlichen Stimmung beschlichen, zu zerfallen und sich aufzulösen. Er unterbrach seinen Gang zur Bushaltestelle an einer ihm bekannten Imbißbude, wechselte einige Worte mit dem Wirt und trank zur „Wiederbelebung" erst einen und dann hastig mehrere Schnäpse. Den Vorsatz, in die Klinik zurückzukehren, gab er vage unter heftigen Schuld- und Schamgefühlen auf und setzte das Trinken bis zur Bewußtlosigkeit in seiner gegenüberliegenden Stammkneipe fort, wo ihn schließlich die Feuerwehr abholen mußte, die ihn an seiner Ausgangskarte als Klinikpatient erkannte und zurückbrachte.

Wir haben die Therapie mit diesem Patienten fortgesetzt, der offenbar nach einem fehlgeschlagenen Versuch der Beziehungsaufnahme zu seinen Eltern in einen Depersonalisations- und Derealisationszustand geraten war, den er im Sinn eines Selbstbehandlungsversuchs mit Alkohol zu bekämpfen versucht hatte, worüber er nachträglich entsetzt und verzweifelt war.

Sparmaßnahmen, Krankheitsbegriff und Ethik

Sparmaßnahmen im Gesundheitswesen geben Anlaß, über veränderte Auffassungen zum Krankheitsbegriff des Alkoholismus nachzudenken und ethische Implikationen der damit verbunden Verkürzung von Verweildauern kritisch zu reflektieren. Hier hat als erste Sparmaßnahme das sogenannte Beschäftigungsförderungsgesetz zu Unterbeschäftigung im Suchtbereich, zu Klinikschließungen und zu verkürzten Behandlungsdauern infolge einer Zeitbudgetierung geführt. Es scheint jedoch jetzt so, daß die mit Überlegung und Augenmaß von den Rentenversicherungen durchgeführten Maßnahmen das System der Suchtkrankenversorgung im Entwöhnungsbereich nicht nachhaltig geschädigt haben.

Viel bedenklicher wirkten sich danach ergriffene Sparmaßnahmen der Krankenkassen aus, die sich unter Berufung auf die Suchtvereinbarung (Empfehlungsvereinbarung vom 20. November 1978) nur noch für die Entgiftungsbehandlung zuständig erklärten und ihre Bereitschaft zur Kostenübernahme auf wenige Tage reduzierten. Parallel dazu wurden die Medizinischen Dienste der Krankenkasse dazu bemüht, den Krankheitsbegriff des Alkoholismus reduktionistisch auf die körperliche Symptomatik herunterzuschrauben und in Einzelfällen in wörtlicher Anwendung des Begriffs Entgiftung den Lei-stungsbereich der Krankenkasse nur noch für die wenigen Stunden zu definieren, die die Leber braucht, um den Alkohol aus dem Körper zu entfernen. In dieser Situation bedurfte es der Zivilcourage von Ärzten, um zu verhindern, daß schwerkranke Alkoholiker vorzeitig unter Gefährdung von Gesundheit und Leben aus der stationären Behandlung entlassen wurden.

Nahezu unmöglich wurde es auch infolge dieser drastischen Verkürzung der Verweildauer, den in der Empfehlungsvereinbarung empfohlenen nahtlosen Übergang von der Entgiftungs- in die Entwöhnungsbehandlung sicherzustellen. Wenn die behandelnden Einrichtungen den nahtlosen Übergang dennoch gestalteten, gab es Lücken in der Kostenübernahme für Zeiträume der Entgiftungsbehandlung, weil sich die Krankenkassen für nicht mehr zuständig erklärten und die Leistungspflicht der Rentenversicherung noch nicht einsetzte, weil eine Verlegung in die Entwöhnungseinrichtung wegen fehlender Kostenübernahme noch nicht erfolgen konnte.

Auch die Hessische Landesstelle gegen die Suchtgefahren e. V. hat sich in ihren „Kritischen Positionen zur Entwicklung in der Entgiftungsbehandlung" (1999) zu dem unproduktiven Splitting in der Kostenträgerschaft bei Suchtbehandlungen geäußert und die zahlreichen „Quellen von Demotivierung und Destabilisierung" aufgezeigt, die sich durch „formalen Aufwand mit Bewilligungen, Verzögerungen, Verlegungen, Behandlerwechsel usw." ergeben. Durch die Entwicklung im Jahr 1997 mit der Tendenz der Kostenträger, unter Einsparungsdruck die Grenzen ihrer Leistungspflicht immer restriktiver zu definieren und damit angemessene therapeutische Vorbereitungen und sinnvolle Überleitungen immer stärker zu behindern, komme eine Gesamtperspektive für die Alkoholkrankheit im Sinn einer Gesamtbehandlung immer wieder zu kurz. Auch hier wird erwähnt, daß zu einem alten Krankheitsbewußtsein zurückgekehrt wird, das sich auf die rein körperliche Ebene reduziert und die psychischen Anteile der Abhängigkeit als im wesentlichen nicht krankhausbehandlungsbedürftig versteht.

Als Begründung für die Ablehnung der Kostenübernahme durch Krankenkassen wird häufig angeführt, daß es sich bei den letzten Tagen auf der Entgiftungsstation um eine sogenannte Motivationsbehandlung gehandelt habe und diese bereits Teil der Rehabilitation sei und folglich vom Rentenversicherungsträger getragen werden müsse. Dies ist Unsinn, weil ohne die Motivierung der Patienten zur Fortsetzung ihrer Behandlung als einer Entwöhnungsbehandlung, die im übrigen die gesamte Entgiftung begleitet, es nie zu einer Entwöhnungsbehandlung kommen würde. Es ist gar nicht anders denkbar, als daß die Motivationsarbeit dem Beginn der Entwöhnungsbehandlung vorausgeht, und nicht bereits Bestandteil der Entwöhnungsbehandlung ist. Selbstverständlich ist bei der schwankenden Behandlungsbereitschaft Alkoholkranker die Fortsetzung der Motivationsarbeit über die gesamte Zeit der Entwöhnungsbehandlung hinaus ebenfalls notwendig. An diesem Beispiel zeigt sich besonders deutlich, daß die vertikale Kostenteilung in Entgiftung und Entwöhnung der Lebenswirklichkeit des Krankheitsverlaufs nicht gerecht wird.

Besonders problematisch ist die Situation für die Behandlung von multimorbiden Alkoholkranken geworden, die in der Psychiatriepersonalverordnung unter der Krankheitsgruppe S 4 als chronisch mehrfach geschädigte Abhängigkeitskranke beschrieben werden und für die die Expertenkommission der Bundesregierung (Bundesministerium für Jugend, Familie, Frauen und Gesundheit 1988) empfiehlt:

„Die fachgerechte Behandlung chronisch mehrfachgeschädigter Abhängigkeitskranker mit vielfältigen somatischen oder psychiatrischen Grund- oder Begleitkrankheiten läßt sich nicht mit den Begriffen, „Entgiftung" oder „Entwöhnung" adäquat fassen. Die Behandlung dieser Patienten findet im Regelfall in psychiatrischen Kliniken statt. Sie kann bis zu 2 Jahren andauern. Allein Art und Schwere der Krankheit dürfen über die Behandlungsdauer entscheiden."

Bei diesen Patienten sind die sozialen Folgeerscheinungen ihrer Abhängigkeit und multiple somatische und psychische Erkrankungen zum Motor der Alkoholkrankheit geworden. Es gibt keine Aussicht auf Wiederherstellung der Erwerbsfähigkeit und zudem keine ausreichende Belastbarkeit für eine Entwöhnungsbehandlung. Diesen Patienten ist nur durch eine längerdauernde psychiatrische Krankenhausbehandlung zu helfen, die nach der oben zitierten Empfehlung der Expertenkommission der Bundesregierung (1988) bis zu zwei Jahren andauern kann. Diese von Dieckmann und Otto-Wulff (1993) beschriebene Patientengruppe steht in Gefahr, in ihrer Existenz geleugnet zu werden und aus den Krankenhäusern verdrängt zu werden. Die Folge wäre eine Verelendung dieser Patientengruppe und deren früheres Ableben, Folgen, die sich mit den medizin-ethischen Prinzipien von Beauchamp und Childress, dem Prinzip der Schadensvermeidung, dem Prinzp der Verpflichtung zur Hilfe und dem Prinzip der Gleichbehandlung im Sinn einer gerechten Ressourcenverteilung nicht in Einklang bringen ließen.

Schlußbetrachtung

Die Anerkennung des Alkoholismus als behandlungswürdige Erkrankung ist soziokulturell ein junges Phänomen. Es ist insofern nicht verwunderlich, daß es offen oder latent zu Rückfällen in frühere, überholt geglaubte Anschauungen des Alkoholismus kommt, die erklären könnten, warum es so schwer ist, die Interessen unserer Patienten erfolgreich zu vertreten. In der nunmehr

10.000 Jahre währenden Kultur- und Sozialgeschichte des Alkoholismus kam es immer wieder zu normativen kulturellen Entscheidungsprozessen, welche die Anschauung über das Phänomen des Alkoholismus prägten (Spode 2000).

In dieser langen Geschichte begegnet uns der Alkohol in seiner Bedeutung als Nahrung und Genußmittel, ja sogar als Heilmittel; später hingegen, zum Beispiel in Luthers Kampf gegen den Saufteufel, als Laster und Sünde und in der jüngeren Geschichte als erbgenetisch minderwertiges Phänomen.

Wir wissen, daß bereits bei den alten Ägyptern das Bier Hauptnahrungsmittel war und bei ihnen das Schriftzeichen für Mahlzeit aus den Zeichen für Brot und Bier bestand. Im 17. Jahrhundert vor unserer Zeitrechnung gab es in Babylonien zwanzig Biersorten. Heilmittel wurden in Bier gelöst und getrunken (Spittler 1988). Im Mittelalter ernährte sich die Bevölkerung von Lübeck und Hamburg hauptsächlich von Bier, und in Fortsetzung dieser Tradition beantwortete ein Patient kürzlich die Frage nach den drei Hauptnahrungsmitteln allen Ernstes mit: „Bier, Wein und Schnaps".

Kontrolliert trinkenden Zeitgenossen fällt es offenbar schwer zu erkennen, daß es jenseits des „normalen" Trinkens ein krankhaftes Trinken mit Kontrollverlust gibt, das die freie Willensbestimmung ausschließt und insofern nicht vorwerfbar ist.

Auch heute noch werden manchmal Reste einer Anschauung des Alkoholismus als Laster erkennbar, wenn der Alkoholismus als ein Übermaß von Genußsucht mißverstanden wird und Alkoholiker zur Mäßigung aufgerufen werden, wie man sie ja selbst auch aufbringen müsse im Gedanken an die zu leistenden Aufgaben und Verpflichtungen.

Zum Ende des 19. Jahrhunderts erklärten Erbgenetiker wie Forell und Plötz den Alkoholismus als Folge erbgenetischer Minderwertigkeit, sie definierten damit den Alkoholismus zwar einerseits als Krankheit, wiesen aber andererseits, weil sie das Recht des Individuums auf Leben und Gesundheit dem Phantom der Volksgesundheit unterordneten, den Weg zur Sterilisation und Ermordung süchtiger Menschen, die der Volksgemeinschaft nicht mehr zuzumuten waren.

Vor dem Hintergrund dieser Geschichte sollten wir aufhorchen, wenn es heißt, daß die wiederholte Behandlung eines Patienten der Versichertengemeinschaft nicht mehr zuzumuten sei.

Literatur

Beauchamp, T. L.; Childress, J. F. (1983): Principles of Biomedical Ethics. New York/Oxford.
Böhle, A.; Büchner, U. (1992): Psychoanalytisch orientierte stationär-ambulante Entwöhnungstherapie für Alkoholkranke. Therapiekonzept der Abteilung für Alkoholkranke des Krankenhauses Spandau, Berlin.
Büchner, U. (1984): Therapie Alkoholkranker unter tiefenpsychologischen Gesichtspunkten. Die Berliner Ärztekammer 9: 543–547.
Büchner, U. (1993): Sucht als artefizielle Ich-Funktion (Ich-psychologische Suchttheorien). In: Bilitza, K. (Hg.), Suchttherapie und Sozialtherapie, Vandenhoeck & Ruprecht, Göttingen.
Büchner, U. (1997): Umgang mit Erfolgen und Mißerfolgen im Therapieprozeß. Besondere Anforderungen an die Fähigkeiten des Therapeuten. In: Heigl-Evers, A.; Helas, I.: Vollmer, H. C. (Hg.), Die Person des Therapeuten in der Behandlung Suchtkranker. Göttingen, S. 130–140.
Bundesministerium für Jugend, Familie, Frauen und Gesundheit (Hg.) (1988):
Empfehlungen der Expertenkommission der Bundesregierung zur Reform der Versorgung im psychiatrischen und psychotherapeutischen/psychosomatischen Bereich. Bonn.
Dieckmann, A.; Otto-Wulff, H. (1993): Ausgrenzung oder Rehabilitation prognostisch ungünstiger Suchtkranker? In: Heigl-Evers, A.; Helas, I.; Vollmer, H. C. (Hg.), Eingrenzung und Ausgrenzung. Göttingen, S. 34–46.
Freud, A. (1974): A psychoanalytic view of developmental psychopathology J. Philadelphia Psychoanal. Ass. 1: 7–17.
Hessische Landesstelle gegen die Suchtgefahren e. V. (1999) Kritische Positionen zur Entwicklung in der Entgiftungsbehandlung. Sucht-Zeitschrift für Wissenschaft und Praxis 2.
Körkel, J. (1995): Rückfälle während stationärer Alkoholismusbehandlung: Häufigkeiten, Ursachen, Interventionen. In: Körkel, J.; Wernado, M.; Wohlfarth, R. (Hg.), Stationärer Rückfall – Ende der Therapie? Pro und Contra stationärer Rückfallarbeit mit Alkoholabhängigen. Geesthacht, S. 7–52.
Küfner, H.; Feuerlein, W. (1989): In-Patient Treatment for Alcoholism. A Multi-center Evaluation Study. New York.

Lauer, G.; Richter, B.; Sohns, R. (1996): Rückfälle während stationärer Alkoholismustherapie: Auszugrenzendes Übel oder integrationsbedürftige Realität? Report Psychologie 21: 382–388.
Marlatt, G. A. (1978): Alkoholverlangen, Kontrollverlust und Rückfall: Eine kognitive Analyse des Verhaltens. Wiener Zeitschrift für Suchtforschung 1: 11–20.
Reimer, C.; Arentewicz, G. (1993): Kurzpsychotherapie nach Suizidversuch. Berlin.
Rost, W.-D. (1987): Psychoanalyse des Alkoholismus. Theorie, Diagnostik, Behandlung. Stuttgart.
Spittler, H. (1988): Alkohol und Krankheit. Vortrag am 31. August 1988 in der Nervenklinik Spandau.
Spode, H. (2000): Die Macht der Trunkenheit. Leverkusen.
Wernado, M. (1995): Umgang mit Rückfällen während der stationären Therapie: Erfahrungen und Entwicklungen aus der Praxis einer Fachklinik. In: Körkel, J.; Wernado, M.; Wohlfarth, R. (Hg.): Stationärer Rückfall – Ende der Therapie? Pro und Contra stationärer Rückfallarbeit mit Alkoholabhängigen. Geesthacht, S. 53–69.
Winnicott, D. W. (1974): Reifungsprozesse und fördernde Umwelt. München.
Wohlfarth, R. (1991): Das 4-Schritte-Modell der stationären Bearbeitung von Alkoholrückfällen. In: Körkel, J.; Wernado, M.; Wohlfarth, R. (Hg.), Umgang mit Rückfällen während der stationären Therapie. Bonn, S. 61–91.
Wohlfarth, R. (1995): Das 4-Schritte-Verfahren der stationären Bearbeitung von Alkoholrückfällen. Praktische Anwendung, Probleme und Perspektiven. In: Körkel, J.; Wernado, M.; Wohlfarth, R. (Hg.), Stationärer Rückfall – Ende der Therapie? Pro und Contra stationärer Rückfallarbeit mit Alkoholabhängigen. Geesthacht, S. 71–96.
Wurmser, L. (1990): Buchbesprechung von Herbert Fingarette: Heavy Drinking. (University of California Press) 1988. Psyche 44: 765–770.

Uwe Büchner und Michael Heidler

Stellenwert und Bedeutung der differenzierten Eingangsdiagnostik für die Behandlungsgestaltung

Die im Jahr 1970 gegründete Klinik für Alkoholkranke des Klinikums Spandau (Berlin) sah sich Anfang der neunziger Jahre mit einem sprunghaften Ansteigen der Aufnahmezahlen konfrontiert. Während in den vorangegangenen Jahren die Aufnahmezahlen pro Jahr knapp über 1000 betrugen, stiegen sie kontinuierlich jährlich um etwa 15 bis 20 Prozent und erreichten einen Höchstwert mit 1.800 bis 2000 Aufnahmen pro Jahr, was etwa 50 Prozent der Gesamtaufnahmezahl psychisch Kranker entspricht. Ähnliches wird auch aus anderen Kliniken mit Versorgungsauftrag berichtet (Röhling 1979; Keup 1982; Sieber 1991; Wienberg 1992). Es deutete sich schon damals an, daß man dieser Flut süchtiger Patienten nicht mit einer Ausweitung der Kapazität im stationären Bereich begegnen können würde, sondern daß die Chance genutzt werden mußte, die bisher ganz auf dem stationären Bereich zentrierte Arbeit in den ambulanten und komplementären Bereich hinein zu entwickeln.

Bei der Entwicklung unseres Versorgungssystems ließen wir uns von folgenden Grundsätzen leiten:
- Stationäre Aufenthalte sollten, wo immer möglich, vermieden werden und Therapie oder Betreuung von vornherein in den ambulanten und komplementären Einrichtungen erfolgen, die gegebenenfalls noch zu schaffen waren.
- Die Überleitung aus dem stationären Bereich in den ambulanten und komplementären Bereich sollte so schnell wie möglich erfolgen.
- Bei einer Aufnahme in die Klinik sollte anhand einer bereits in der Aufnahme von Ärzten der Abteilung erfolgenden differen-

zierten Eingangsdiagnostik diejenige Station aufnehmen, die von vornherein für die Behandlung des Patienten am besten geeignet ist.

Die differenzierte Eingangsdiagnostik umfaßt die Suchterkrankung sowie weitere psychische und somatische Grund-, Begleit- und Folgeerkrankungen der Sucht, die soziale Situation und eine erste psychodynamische Einschätzung.

- Höchste Priorität bei der Planung unseres Versorgungssystems hat der Gesichtspunkt größtmöglicher personeller und institutioneller Kontinuität im Sinne konstanter Objekte (Kernberg 1992).

Theoretische Orientierung des Versorgungssystems

Der unseren Planungen übergeordnete Grundsatz der Kontinuität soll Brüche im Behandlungsverlauf, besonders in bezug auf die Person des Therapeuten, vermeiden. Theoretischer Rahmen ist dabei das Gedankengut der Psychoanalyse (Freud 1905; Ferenczi 1911; Radò 1934; Krystal/Raskin 1983; Wurmser 1983/1987; u. a.).

Voraussetzung für die Entwicklung eines psychoanalytisch orientierten Zugangs zu Suchtkranken waren die Einbeziehung der Ich-Psychologie und Ich-Pathologie in Verbindung mit der Sozialpsychologie (Heigl-Evers u. Heigl 1973). Diese Autoren orientieren sich an einer Entwicklungspathologie, wie wir sie von vielen Suchtkranken kennen. Diese durch Störungen in ihrer Ich-Struktur charakterisierten Patienten können nicht wie Patienten mit klassischen Neurosen, denen eine Konfliktpathologie zugrunde liegt und die über ein gesundes Ich verfügen, verstanden und behandelt werden. Die defizitäre Ich-Entwicklung hat bei unseren Patienten zu vielfältigen Ich-Funktionsstörungen geführt: Es kommt zu Einschränkungen der Realitätsprüfung, der Fähigkeit, differenziert Affekte zu erleben, zu Einschränkungen der Urteilsbildung, der Antizipation der Wirkung eigenen Verhaltens auf andere, Einschränkungen der Affekt- und Impulskontrolle und zu der viel erwähnten herabgesetzten Frustrationstoleranz (Heigl-Evers u. Heigl 1973; Heigl-Evers et al. 1992; Wurmser

1983). Diese Forschergruppe hat mit der psychoanalytisch-interaktionellen Therapie eine Modifikation des psychoanalytischen Verfahrens geschaffen, die mittlerweile das Therapieverfahren der Wahl psychoanalytisch orientierter Einrichtungen geworden ist.

Zusammenfassend könnte man sagen, daß wir den Kern der zur Sucht führenden Entwicklungsstörung in der fehlenden Verläßlichkeit der Bezugspersonen in der ersten Lebensphase und deren Auswirkung auf die inneren Objekte unserer Patienten sehen. Aus dieser Sichtweise wird deutlich, warum wir in unserem Versorgungssystem verläßliche, das heißt auch kontinuierliche Beziehungen zwischen Therapeuten und ihren Patienten in den Mittelpunkt stellen, um auf diesem Weg die Nachreifung tragfähiger Objektrepräsentanzen zu fördern.

Basierend auf diesen Vorstellungen haben wir ein Behandlungsmodell entwickelt, in dem stationäre, komplementäre und ambulante Elemente auf regionaler und überregionaler Ebene so miteinander verbunden sind, daß Patienten in nahtlosem Übergang und zum großen Teil in kontinuierlicher Betreuung durch einen Therapeuten von einem differenziert auf ihren Krankheitszustand abgestimmten unterschiedlichen Behandlungssetting profitieren können. Die umgestalteten und neu geschaffenen Strukturen der Klinik orientieren sich damit an den Erfordernissen eines modernen sozialpsychiatrischen regionalen und überregionalen Versorgungskonzepts, wie es in den Empfehlungen der Expertenkommission der Bundesregierung zur Reform der Versorgung im psychiatrischen und psychotherapeutisch-psychosomatischen Bereich gefordert wird.

Ein derart gegliedertes Versorgungssystem bedarf einer entsprechend differenzierten Eingangs- und Verlaufsdiagnostik. In diesem Zusammenhang fordert Sander (1988) qualitativ empirische Ansätze, die die Komplexität der Therapeut-Patient-Beziehung und der Patient-Umwelt-Beziehung adäquater abbilden würden. Auch für Heigl-Evers undStandke „geht es ... in der Beziehung Patient–Therapeut um höchst verwickelte Prozesse wechselseitiger Hilfe, Unterstützung, Täuschung und Verwirrung"(1991, S. 44).

Zur weiteren Vertiefung und Differenzierung differentialindikatorischer Überlegungen wurden einige Untersuchungen zur Frage der Therapieprozeßbeurteilung auf dem Hintergrund des Qualitätsmanagements durchgeführt. Die Ergebnisse der Untersuchungen, die einerseits mit der Methode des Kelly-Grids (Kelly 1955; Slater 1976/1977; Scheer u. Catina 1993) und andererseits mit entsprechenden Therapiezielerhebungsmethodiken (Coche 1983; Kiresuk u. Sherman 1968) und begleitenden Dokumentationssystemen durchgeführt wurden, sprechen für die Notwendigkeit einer differentialen Indikation und Behandlungsplanung für die einzelnen Patienten. So zeigten sich zum Beispiel auf der Basis des Konstruktes der Objektrepräsentanzen deutliche Unterschiede zwischen einzelnen Patientengruppen. Patienten, die die Behandlung regelgerecht abschlossen, unterschieden sich schon zum Zeitpunkt des Therapiebeginns von jenen, die vorzeitig abbrachen (z. B. idealisierten Therapievollender die Person des Therapeuten am Behandlungsbeginn nicht so stark wie die Therapieabbrecher). Ein ähnliches Bild konnte auch durch die Methode der Therapiezielerhebung gezeichnet werden (Therapievollender gaben bezüglich der Behandlungsziele differenzierter und introspektiver Auskunft im Vergleich zu den Therapieabbrechern). Hinsichtlich der Indikationsstellung und der individualzentrierten Therapieplanung könnten somit Anhaltspunkte gegeben sein.

Doch nicht ausschließlich die Frage der Indikationsstellung für eine gegebenenfalls einzuleitende Alkoholkrankenbehandlung bedarf einer theorie- und praxisnahen Abbildbarkeit, sondern auch die behandlungsprozeßbegleitenden Merkmale sind von Interesse für einen optimalen Therapieverlauf. Insbesondere trifft dies auf einen Behandlungsgang zu, der, wie im Rahmen des „Spandauer Modells" vorgesehen, durch eine Vielzahl von unterschiedlichen, sich ergänzenden Settings und Institutionen bei höchstmöglicher therapeutischer Objektkonstanz gekennzeichnet ist.

Die Struktur des Versorgungssystems

Das integrierte stationär-ambulante Versorgungssystem beinhaltet die Zusammenfassung von verschiedenen an der Versorgung beteiligten Institutionen zu einem übergeordneten Ganzen. Ein solches Ziel ist sehr schwierig oder gar unmöglich zu erreichen, wenn sich in einem Versorgungsgebiet bereits unkoordiniert Einrichtungen entwickelt haben, die sich theoretisch und konzeptionell unterschiedlich begründen und deren Vorstellungen möglicherweise sogar gegensätzlich sind. Insofern ist es als ein Glücksfall zu betrachten, daß in der Versorgungsregion Berlin-Spandau zunächst von uns ein Forum geschaffen wurde, in dessen regelmäßigen Zusammenkünften sich eine intensive Zusammenarbeit der in der Suchtarbeit engagierten Personen und Institutionen entwickelte und aus denen heraus die Umsetzung der Planung erfolgt und getragen wird. Ziel der Bestrebung war es, ein integriertes Versorgungssystem zu schaffen, das theoretisch, konzeptionell, personell und womöglich auch institutionell homogen ausgerichtet ist.

Natürlich hat eine solche Versorgungsaufgabe die kooperative Abstimmung aller an ihr beteiligten Berufsgruppen, versorgenden Institutionen, politischen Entscheidungsgremien und nicht zuletzt der Kosten- und Leistungsträger zur Voraussetzung.

Stationär-ambulante Entwöhnungsbehandlung

Die verstärkte Außenorientierung der Abteilung im Rahmen ihres sowohl regionalen als auch überregionalen Versorgungsauftrags konfrontierte sie mit den Defiziten der ambulanten und komplementären Angebote im Suchtbereich. Es wurde deutlich, daß gerade die Gruppe der schwerer erkrankten Patienten eine weitere Versorgung über das Angebot der Selbsthilfegruppen hinaus benötigte. So kam es zu der von den Rentenversicherungsträgern und Krankenkassen finanzierten ambulanten Fortsetzung unserer stationären Entwöhnungsbehandlung im Rahmen der psychoanalytisch orientierten stationär-ambulanten Entwöhnungstherapie. Die Patienten können nach dem stationären

Aufenthalt von zehnwöchiger Dauer in einem kontinuierlichen Setting bis zu einem Jahr an einer psychoanalytisch interaktionellen Gruppenpsychotherapie (max. 40 Sitzungen) beim gleichen Gruppentherapeuten teilnehmen. Diese psychotherapeutische Begleitung in die Lebensrealität hat sich als besonders wirksam herausgestellt.

Die klinisch therapeutischen Veränderungen im Entwöhnungsbereich übertrugen sich auch auf die anderen Bereiche der Abteilung und führten zu einer weiteren Differenzierung ihrer stationären, teilstationären und ambulanten Strukturen.

Reintegrierende Therapie

Im ehemaligen „Chronikerbereich" führte die Verbindung von psychoanalytischer Identität des Therapeutenteams und einem differenzierten sozialen Engagement mit diesen oft diskriminierten und ausgegrenzten, schwer rehabilitierbaren Patienten zur Gründung einer kontinuierlich vom stationären Bereich bis ins ambulante Setting reichenden Sektion für psychoanalytisch orientierte reintegrierende Therapie. Schwerpunkt ist hier die Therapie für Patienten, bei denen die körperlichen und sozialen Folgeerscheinungen des Alkoholismus zur entscheidenden Bedingung für den ungünstigen Verlauf der Erkrankung geworden sind. Aufnahme finden hier auch Patienten mit multiplen psychischen Erkrankungen. Bisher konnten neben der bereits bestehenden integrierten Nachtklinik für Alkoholkranke zusätzlich tagesklinische Plätze geschaffen werden. Ein speziell auf die Bedürfnisse von Alkoholkranken eingerichtetes Arbeitstherapieprogramm wurde entwickelt. Außerdem entstand ein Gruppenförderprogramm zur Besserung hirnorganischer Folgeerkrankungen des Alkoholismus in einem multiprofessionellen Setting (Arzt, Psychologe, Beschäftigungstherapeut, Musiktherapeut, Krankengymnast).

Therapeutische Wohngemeinschaften

Mittlerweile wurden unter der Trägerschaft eines eingeschriebenen Vereins mehrere therapeutische Wohngemeinschaften mit insgesamt 17 Plätzen von der Klinik eingerichtet und betreut. Auch in diesem Bereich ist das Prinzip der kontinuierlichen Betreuung der Bewohner durch ihre aus der Klinik vertrauten Therapeuten und Bezugspersonen weitgehend erfüllt und trägt wesentlich dazu bei, daß der Rückstrom durch Rückfälle und psychische Krisen in die Klinik über Jahre relativ gering gehalten werden konnte.

Kontaktstelle

Zur Verbesserung des Übergangs von der stationären zur ambulanten Versorgung und zur Verhütung von vermeidbaren stationären Aufenthalten gründete die Abteilung im Rahmen der strukturellen Möglichkeiten der Psychiatriepersonalverordnung eine Kontaktstelle für Alkohol- und Medikamentenabhängige, die unter Supervision des Oberarztes von zwei Ärzten und zwei Sozialarbeitern der Abteilung betrieben wird. Hier werden Patienten an der Schnittstelle von stationärer zu ambulanter Behandlung von Therapeuten betreut, die ihnen aus dem stationären Setting vertraut sind und gewährleisten, daß Reintegrationsversuche nach oft nur kurzen stationären Aufenthalten überhaupt eine Chance auf Erfolg haben.

Akutversorgung

Die Sektion Akutversorgung besteht aus zwei Stationen. Zwischen den beiden Stationen, die früher die gleichen Aufgaben zu erfüllen hatten, wurde eine Differenzierung vorgenommen, für die eine zu diesem Zweck durchgeführte Basisdokumentation über den Zeitraum eines Jahres die Grundlage lieferte. Eine Station arbeitet mit dem Schwerpunkt Ersterkrankungen, Information und erste psychotherapeutische Kontaktaufnahme für sozial noch relativ gut integrierte Patienten sowie die Erstellung einer Differentialindikation zur weiteren stationär-ambulanten Entwöhnung oder ambulanten Psychotherapie und/oder Selbsthifegruppen. Außerdem wird ein besonderes stationäres Kriseninterventionsprogramm für abstinente Patienten angeboten.

Die andere Station ist eine Aufnahmestation für chronisch kranke Patienten mit weitreichender sozialer Desintegration und Multimorbidität. In enger Zusammenarbeit mit den komplementären und ambulanten Diensten dient die auf maximal sechs Wochen begrenzte Behandlung insbesondere der intramuralen und extramuralen Dehospitalisierung dieser Patientengruppe und der frühzeitigen Einleitung weiterer reintegrierender therapeutischer und sozialpädagogischer Interventionen.

Beratungsstube mit Krisenwohnplätzen

Im Rahmen der gegründeten Arbeitsgruppe „Sucht" des Stadtbezirks ist Hautptthemenschwerpunkt die Verbesserung der Betreuung schwer rehabilitierbarer Patienten. Es konnte festgestellt werden, daß es im Bezirk eine Gruppe von mindestens vierzig zum Teil hirnorganisch schwer geschädigten Alkoholkranken gibt, die seit langem wohnungs- und arbeitslos sind. Diese Patienten vagierten zwischen den Einrichtungen Klinik, Sozialpsychiatrischem Dienst, Soziale Wohnhilfe und anderen umher, ohne jeweils dort einer angemessenen Therapie zugeführt werden zu können.

Der Plan eines Vereins vom Diakonischen Werk, eine Kontakt- und Beratungsstube mit Krisenwohnplätzen zu gründen, wurde von der Arbeitsgruppe sehr begrüßt. Diesem Projekt ging eine Befragung voraus, bei der das Aufgabenspektrum als wünschenswert von den Betroffenen dargestellt wurde. In dieser neu geschaffenen Einrichtung wird den Betroffenen die Möglichkeit der Nahrungsaufnahme, Körperpflege und zukünftig der kurzfristigen Übernachtung angeboten werden. Daneben werden Hilfesuchende in ihren sozialen Belangen, insbesondere im Umgang mit Behörden oder unter Umständen mit Rechtsberatung, Schuldnerberatung und ähnlichem mehr, unterstützt. Die Gründung dieser Kontaktstube führte zu einem Rückgang von Aufnahmen in die Klinik und zu einer adäquateren Betreuung dieses Personenkreises.

Beschäftigungstagesstätte

Die Kooperation über die Stadtbezirksgrenzen hinaus hat zu einer gemeinsamen Planung und Verwirklichung einer von einem weiteren Verein getragenen Beschäftigungstagesstätte für zwei Bezirke Berlins mit rund 450 000 Einwohnern geführt. Es handelt sich dabei um ein niedrigschwelliges lebensbegleitendes Angebot für chronische Patienten ohne einen direkten therapeutischen oder rehabilitativen Anspruch. Die Arbeit dient vielmehr der Rezidivprophylaxe, der Verhinderung von Fehlplazierung dieser Patienten in ungeeigneten Einrichtungen und der Verhütung einer Verschlimmerung ihrer Lebenssituation. Durch eine enge Zusammenarbeit zwischen der stationären Versorgungseinrichtung und dem Verein soll einerseits sowohl schnelle und unkonventionelle stationäre Hilfe bei Krisen in der Tagesstätte als auch andererseits ein kontinuierlicher Übergang der Patienten von der Klinik in die Tagesstätte gewährleistet werden.

Ambulante Behandlungs- und Beratungsstellen

Auch die Zusammenarbeit mit den zwei im Einzugsbereich der Klinik liegenden Behandlungs- und Beratungsstellen für Abhängigkeitskranke wurde intensiviert, und sowohl in der Klinik als auch in den Behandlungs- und Beratungsstellen wird angestrebt, differentialindikatorisch zu erfassen, ob zunächst eine stationäre Therapie erforderlich ist oder eine ambulante Entwöhnungsbehandlung von vornherein möglich ist.

Differentialindikatorische Kriterien sind hier die Schwere der psychischen und körperlichen Grund-, Begleit- und Folgeerkrankungen sowie die soziale (familiäre und berufliche) Situation. Letztlich wird die Frage beantwortet, ob ein Verbleiben im bisherigen Umfeld während der Therapie unter Abstinenzbedingungen denkbar ist oder die Klinik als erleichternde Umgebung die Abstinenz als Therapievoraussetzung erst ermöglicht. Einen Interessenausgleich mit den Beratungsstellen haben wir dergestalt gefunden, daß Patienten, die bereits eine therapeutische Anbindung an die Beratungsstellen hatten, möglichst frühzeitig dorthin zurückkehren, anstatt die ambulanten Angebote der Klinik zu nutzen. Des weiteren wird eine möglichst hohe Versorgungskontinuität durch gemeinsame Fallbesprechungen sichergestellt.

Adaptionsphase

Abschließend soll Erwähnung finden, daß die Entwöhnungsbehandlung durch eine Adaptionsphase ergänzt werden kann. Patienten können dort wiederum in kontinuierlicher Betreuung durch das ihnen vertraute Personal ihre Arbeitsfähigkeit und die Fähigkeit zur selbständigen Lebensführung in einer dreimonatigen Behandlungsphase erproben. Diese von den Leistungsträgern finanzierte Therapie soll den oft schwierigen Übergang vom Klinikmilieu in den beruflichen Alltag vorbereiten.

Zusammenfassung

Die von uns geschaffenen Versorgungsstrukturen bewegen sich im Rahmen der Empfehlungen der Expertenkommission der Bundesregierung. Diese auf sozialpsychiatrischem Boden gewachsenen Empfehlungen orientieren sich an den Grundsätzen der Kooperation und Koordination einzelner Träger oder auch eines Trägerverbunds und an der Kontinuität der Versorgung durch nahtlose Übergänge von einer Phase der Behandlung in die nächste. Diese Grundsätze sind aus psychoanalytischer Sicht untermauert worden, indem die Notwendigkeit der bruchlosen Kontinuität der Beziehung zwischen Therapeuten und Patienten auch über Institutionsgrenzen hinweg für die Persönlichkeitsnachreifung der suchtkranken Patienten erkannt und realisiert wurde.

Ziel des Gesamtkonzepts ist eine die Grenzen zwischen stationärer, komplementärer und ambulanter Behandlung relativierende Vollversorgung von Süchtigen in einer städtischen Region zur Schaffung eines Versorgungssystems, das theoretisch, konzeptionell, personell, und womöglich auch institutionell, homogen ist.

Ein solches Versorgungssystem kann von Suchtkranken in allen Stadien ihrer Erkrankung unter Wahrung höchstmöglicher personeller und institutioneller Beziehungskontinuität in Anspruch genommen werden. Wegen der Differenziertheit des Systems kommt einer möglichst ebenso differenzierten Eingangs- und Verlaufsdiagnostik große Bedeutung zu.

In einer weiterzuführenden wissenschaftlichen Begleituntersuchung und Evaluation soll die Hypothese überprüft werden, ob ein solches Versorgungssystem wirksamer und kostengünstiger ist als herkömmliche Systeme nach dem Bausteinprinzip, die theoretisch, personell und institutionell nicht aufeinander eingestellt sind.

Literatur

Coche, E. (1983): Change measures and clinical practice in group psychotherapy. In: Dies, R. R.; MacKenzie, K. R. (Hg.), Advances in Group Psychotherapy – Integrating Research and Practice. New York.

Ferenczi, S. (1911): Alkohol und Neurosen. Bausteine zur Psychoanalyse. Bd. 1. Bern/Stuttgart, 1964.

Freud, S. (1890): Psychische Behandlung (Seelenbehandlung). G. W. Bd. V. Frankfurt/Main.

Heigl-Evers, A.; Heigl, F. (1973): Gruppentherapie: interaktionell – tiefenpsychologisch fundiert – psychoanalytisch. Gruppenpsychotherapie und Gruppendynamik 7: 132–157.

Heigl-Evers, A.; Heigl, F.; Ott, J. (1992): Lehrbuch der Psychotherapie. Stuttgart/Jena.

Heigl-Evers, A.; Standke, G. (1991): Die Beziehungsdynamik Patient–Therapeut in der psychoanalytisch-orientierten Diagnostik. Heigl-Evers, A.; Helas, I.; Vollmer, H. C. (Hg.), Suchttherapie. Göttingen.

Kelly, G. A. (1955): The Psychology of Personal Constructs. Vol. 1 u. 2. New York.

Kernberg, O. F. (1992): Objektbeziehungen und Praxis der Psychoanalyse. Stuttgart.
Keup, W. (1982): Probleme des Medikamentenmißbrauchs. Zs. f. Allg.-med. 58: 1814–1821.
Kiresuk, T. J.; Sherman, R. E. (1968): Goal attainment scaling: A general method for evaluating comprehensive community mental programs. Commun. Ment. Health 4: 443–453.
Krystal, H.; Raskin, H. A. (1983): Drogensucht – Aspekte der Ich-Funktion. Göttingen.
Radò, S. (1934): Psychoanalyse der Pharmakothymie. Int. Zs. f. Psychoanal. 20: 16–32.
Röhling, G. (1979): Sucht. In: Ammon, G. (Hg.), Handbuch der Dynamischen Psychiatrie I. München.
Sander, D. (1988): Qualitative Gruppentherapieforschung – Begriffsbestimmung und Forschungsstand. Gruppenpsychother. Gruppendynamik 24: 184–195.
Scheer, W.; Catina, A. (1993): Einführung in die Kelly-Repertory-Grid-Technik. Bd. 1 u. 2. Bern/Stuttgart/Wien.
Sieber, E. (1991): Alkoholbezogene Diagnosen in der Krankenblattstatistik der ehemaligen DDR. Sucht 37: 152–157.
Slater, P. (1976): The Measurement of Interpersonal Space by Grid. Vol. 1. London/New York/Sydney/Toronto.
Slater, P. (1977): The Measurement of Interpersonal Space by Grid. Vol. 2. London/New York/Sydney/Toronto.
Wienberg, G. (1992): Die vergessene Mehrheit – Zur Realität der Versorgung alkohol- und medikamentenabhängiger Menschen. Bonn.
Wurmser, L. (1983): Drogengebrauch als Abwehrmechanismus. In: Lettieri, D. J.; Welz, R. (Hg.), Drogenabhängigkeit. Weinheim/Basel.
Wurmser, L. (1987): Flucht vor dem Gewissen. Berlin/Heidelberg.

Heinz C. Vollmer

Krankheitsmodelle und ihre Folgen oder warum ich den französischen Film liebe

es ist höchste Zeit, daß das Denken
wieder das wird
was es in Wirklichkeit ist
gefährlich für den Denker
und Verwandlerin der Realität
dort, wo ich schöpferisch bin
bin ich wahr
schrieb Rilke
die einen denken, sagt man
die anderen handeln
aber die wahre Bestimmung des Menschen ist es
mit seinen Händen zu denken
(JLG 1999)[1]

Sprache

Film ist eine Sprache, schrieb André Bazin in dem ersten Kapitel seines Bandes „Was ist Kino" (Rohmer 1959). Therapie ist eine Sprache, bestehend aus verbalen und nonverbalen Zeichen, das heißt nicht nur aus den in Manualen formulierten Fragen und Inhalten. Der Therapeut redet in einer für Therapeuten spezifischen Art und Weise, er stellt Fragen in einfühlsamer Stimmlage, er schweigt, er schaut den Patienten fragend an. Patienten haben in der Regel Sprachprobleme, ebenso deren Angehörige. Ihnen fehlen Zeichen, miteinander verständlich zu reden. Film und Therapie werden derzeit ihrer Sprache beraubt. Dafür gibt es täg-

---

[1] Jean-Luc Godard

lich im Fernsehen unzählige Beispiele. Das Medium ist die Botschaft (McLuhan 1968) und nicht der Inhalt wie bei „Diderot, Voltaire ... Condorcet und vielen anderen, die bei aller Schwierigkeit, die Sprache zu meistern, noch daran glaubten, daß es möglich sei, zu sagen was man meint ... und zu schweigen, wenn man nichts zusagen hat" (Postman 1999, S 102). Politiker und Manager sprechen im Fernsehen von ihrer Betroffenheit, wenn Arbeitsplätze „wegrationalisiert" werden, Fernsehmoderatoren befragen die Teilnehmer nach ihren intimen Partnerproblemen. Sie verwenden teils die empathische Sprache der Therapeuten, antrainiert in Fortbildungsseminaren über Medienwirksamkeit und in Fernsehtrainings. Regisseure von Fernsehfilmen verwenden die Sprache des Films, sie stehlen ganze Szenen, belichtetes, wertloses Zelluloid und inhaltsleere Interviews.

Die Drogenabhängigen unserer Klinik schätzten die französische Ausgabe des Arte-Kulturmagazins „Metropolis" im Vergleich zur deutschen Ausgabe, ohne Wissen, um welche Ausgabe es sich handelt, als echter, ehrlicher, authentischer und weniger manipulierend ein. Sie fühlten sich von der französischen Ausgabe als Zuschauer ernster genommen. Lange Kameraeinstellungen, Originalgeräusche, keine Musikuntermalung, keine Bewertungen aus dem Off waren einige der entscheidenden Kriterien für obigen Eindruck. Eine Kamerafahrt ist eine Frage der Moral (Godard). Sprache, sei es Film oder Therapie, ist eine Frage der Moral. Werden therapeutische Begriffe oder filmische Mittel zur Erreichung materieller Vorteile oder bewußt und unbewußt zur Manipulation eingesetzt, dann bestimmt das Kapital über die Verwendung filmischer und therapeutischer Sprache.

verhindert das u
in produire (produzieren)
daß es ein dire (sagen) in produire gibt
(JLG 1999)

Definitionen

Ebenso wie eine Therapie nicht durch ein Therapiemanual definiert werden kann, läßt sich Film nicht über belichtetes Zelluloid definieren. Wenn ein Therapeut in einem Therapiezimmer mit einem Patienten redet, läßt das noch lange nicht die Schlußfolgerung zu, daß der Therapeut eine Therapie durchführt. Wenn ein Regisseur mit einer Filmkamera Personen oder Objekte aufnimmt, kann noch nicht behauptet werden, daß er einen Film dreht.

Nach Wim Wenders gibt es zwei Arten von Filmen: finanziell orientierte und Filme mit Seele (Merkur, 1992, Nr. 520, S. 167)[2]. Mir scheint die Seele einer Ambulanz oder Klinik wichtiger als

---

[2] Filme mit oder ohne Seele? (Richtige Lösungen im Anhang.) a) „Das Geld" von Robert Bresson, b) „Vertigo" mit Kim Novak, c) „Die Spielregel" von Jean Renoir, d) „Du sollst mein Glücksstern sein" mit Gene Kelley, e) „Die Regenschirme von Cherbourg" mit Cathérine Deneuve, f) „Die Ehe im Kreise" von Ernst Lubitsch, g) „Die Brücken am Fluß" mit Clint Eastwood, h) „Betragen ungenügend" von Jean Vigo, i) „Chacun cherche son chat" von Cédric Klapisch, j) „Brot und Tulpen" mit Bruno Ganz, k) „Die Ferien des Monsieur Hulot" von Jacques Tati, l) „Außer Atem" mit Jean Seberg, m) „Der blaue Engel" mit Marlene Dietrich, n) „Es geschah in einer Nacht" mit Clark Gable, o) „La captive" von Chantal Akerman, p) „Citizen Kane" von Orson Welles, q) „Yi Yi" von Edward Yang, r) „Chicken Run" von Peter Lord & Nick Park, s) „Marius und Jeanette" von Robert Guédiguian, t) „L'Atalante" mit Michel Simon, u) „Lola Montes" mit Martine Carol, v) „Trafic" mit Jacques Tati, w) „Chronik der Anna Magdalena Bach" von Jean-Marie Straub, x) „Im Zeichen des Bösen" von Orson Welles, y) „Top Hat" mit Fred Astaire, z) „Erin Brockovich" mit Julia Roberts, a) „Der Geist und Mrs. Muir" mit Gene Tierney, b) „Der Strom" von Jean Renoir, c) „Der letzte Mann" von Friedrich Wilhelm Murnau, d) „Der Untermieter" von Alfred Hitchcock, e) „M" von Fritz Lang, etc.

die Ausbildung der Therapeuten, Anzahl der Betten pro Zimmer, umfangreiche Jahresberichte in Hochglanz und andere Kriterien der Strukturqualität. Ansonsten wären ja gute, hilfreiche Therapien in ärmeren Ländern nicht möglich. Dies bedeutet keine Entbindung von der Verpflichtung, vor der Gesellschaft die therapeutische Arbeit transparent darzustellen, und dem Versuch, ihre Wirksamkeit zu belegen.

Industrieländer definieren Film und Therapie über Geld. Der amerikanische Film „28 Tage"[3] hat 43 Millionen Dollar gekostet. Nicht die Qualität der Schauspielerin Sandra Bullock war für die Rollenbesetzung entscheidend, sondern das mit der Schauspielerin („next door girl") erwartete Einspielergebnis. Am ersten Wochenende spielte der Film in den USA 10.31 Millionen Dollar ein, nach etwa sieben Wochen war der Break-even-point erreicht. Ein sehr preisgünstiger Film und eine sehr preisgünstige Therapie. Das Durchschnittsbudget beträgt in Hollywood pro Film 120 Millionen DM, in Frankreich 7,5 Millionen DM (FAZ v. 15. 05. 00, S. 14).

Bei einer neunmonatigen stationären Behandlung Drogenabhängiger wird der Break-even-point nach vier Jahren erreicht, bei der vier- bis sechsmonatigen Behandlung Alkoholabhängiger wesentlich früher. Verkürzte Therapiezeiten verschieben den Break-even-point nach hinten. Eine Botschaft des Films: 28 Tage reichen für eine erfolgreiche Behandlung Alkoholabhängiger aus. Einige amerikanische Therapeuten wundern sich, daß es uns in Deutschland nicht gelingt, in fünf Tagen eine erfolgreiche Entwöhnungsbehandlung durchzuführen; sie verdrängen dabei unsere hohen Abstinenzquoten.

Für die Entwicklung biologischer Interventionen werden von der Industrie und vom Bund (glücklicherweise) Millionenbeträge aufgewendet, die sich irgendwann finanziell rentieren werden. Und für die Psychotherapie, Sozialtherapie, Arbeitstherapie, Kunsttherapie und theologische Betreuung der psychisch Kran-

---

[3] 28 Tage ist die normale stationäre Behandlungszeit für Alkoholabhängige in den USA.

ken, gibt es fast kein Geld zur Entwicklung und Verbesserung der Vorgehensweisen, denn neue oder verbesserte Interventionen werfen keinen Gewinn ab. In unserer sehr erfolgreichen sozialen Marktwirtschaft gibt es keine realisierten Modelle zur Finanzierung von Forschung, die Menschen hilft und Leiden reduziert, wenn sie keinen direkten finanziellen Gewinn versprechen. Ebenso scheint es keine geeigneten Modelle zur Förderung von Filmen zu geben, die sich nicht durch finanzielle Gewinne definieren.[4] Hollywood und Verhaltenstherapie, zwei Erfolgsgeschichten, begonnen im letzten Jahrhundert. Was für Hollywood die Multiplex-Kinos sind, das sind für die Verhaltenstherapie die Metaanalysen. Strategien der Machterhaltung, der Ruin des Kinos, der Ruin der Psychotherapie, „ene, mene, muh, aus bist du".

---

[4] So begrüßt ein deutscher Staatsminister für Kultur (Nida-Rümelin 2001), daß sich die französischen Filmemacher an Steven Spielberg und George Lucas orientieren und nicht mehr an Chabrol und Godard, das heißt, im Gegensatz zu der französischen Filmkritik erklärt er den französischen anspruchsvollen Film für überholt, die beeindruckende deutsche Filmgeschichte – Vorbild der französischen Filmkultur – wird überhaupt nicht erwähnt, und er scheint zu glauben, daß das Geld der entscheidende Kultur schaffende Faktor ist. Übrigens, die Zeitschrift „Cahiers du cinéma" wird in Frankreich an den meisten großen Kiosken verkauft.

Hollywood sagen
damit dies zu existieren beginnt
dies
die Macht Hollywoods
....

abgesehen davon ist das Kino eine Industrie
und wenn der erste Weltkrieg
dem amerikanischen Kino erlaubt hatte
das französische zu ruinieren
sollte der zweite mit der Entstehung des Fernsehens
ihm erlauben, das gesamte europäische Kino
zu finanzieren, das heißt zu ruinieren
(JLG)

Messen

Film und Therapie werden durch das Kapital eingeschränkt. Grundlage der Einschränkung ist die quantitative Erfassung der Welt. Man glaubt, die Qualität von Therapien, von Therapeuten, von Veränderungen bei den Patienten messen zu können. Zur Beurteilung der Qualität oder des Erfolgs der Therapie werden zufällige Kriterien genommen. Beim Film wird Qualität durch viel Geld gebremst (siehe Hollywood), bei Therapien durch wenig Geld und auch umgekehrt.

„Das Drehen eines Films gleicht exakt einer Postkutschenfahrt im Wilden Westen. Zuerst hofft man auf eine schöne Reise, und dann fragt man sich sehr bald, ob man überhaupt am Bestimmungsort ankommen wird" (François Truffaut in „Die amerikanische Nacht", 1973).

Der Unsinn des Messens wird deutlich beim Millenium, das zwischen 1999 und 2000 noch nicht oder schon längst stattgefunden hatte. Neben den wenigen Uninformierten gibt es diejenigen, die nicht wahrhaben wollten, daß es mit Beginn der Zeitzählung noch keine Zahl 0 gab oder daß andere Kulturen andere Zeitrechnungen und -wahrnehmungen haben.

Und es gibt diejenigen, die einfach die falsche Messung bewußt mitmachen.

Grawe (1998) arbeitet seit Jahren an einem Modell therapeutischer Wirkfaktoren, vielleicht findet er eine Möglichkeit therapeutisch *Relevantes* zu messen. Für mich macht der Break-even-point als Maß für die Bewertung von Therapien Sinn, wenn er in einen Kontext eingebettet ist – in einen europäischen. Amerikanische Filme spiegeln formal und inhaltlich das Denken der Computer wider: 0 / 1, in Worten: Entweder / Oder. Französische Filme lassen sich eher charakterisieren durch ein Sowohl-als-auch-Denken. Diese kulturell bedingten kognitiven Strukturen sind selbst in der zeitgenössischen Malerei wahrnehmbar wie zum Beispiel ein Vergleich der Bilder von Neil Jenny und Gerhard Richter zeigt (Ammann 2000; s. a. Lewin 1940).

Die Wissenschaftsgeschichte lehrt uns, wie durch empirische Daten Irrglauben aufrechterhalten wird und wie empirische Daten nicht wahrgenommen werden. Die Erde als sich drehende Kugel wurde bereits 300 Jahre vor Chr. beobachtet. Daß Frauen genau so viele Zähne haben wie Männer, wurde trotz leichter Meßbarkeit Jahrhunderte nicht geglaubt. Die Auswirkungen von Gewalt im Film sind seit den fünfziger Jahren ausführlich empirisch belegt. Viele Wissenschaftler behaupten, ein empirischer Beweis sei wertvoller als ein theoretischer. Lewin (1943, S. 217) meint, es gibt nichts Praktischeres als eine gute Theorie.

Realität

Behauptungen wie „der amerikanische Film ist sehr erfolgreich und sollte Vorbild für den deutschen Film" sein, sind nicht nur über Film häufiger zu hören. Ein deutscher Regisseur, der in Hollywood Millionen für einen Film bekommt, ist erfolgreich; die Medien berichten ausführlich darüber. Einige in den „Cahiers du cinéma" hochgelobte europäische Regisseure werden in den deutschen Medien kaum beachtet. Die Anzahl der Drogentoten wird in den Medien regelmäßig berichtet, über die vielen abstinenten Drogenabhängigen erscheint sehr selten ein Bericht. Nach fast übereinstimmender Meinung der Medien habe die Drogenpolitik und die Drogenhilfe versagt, erfolgversprechend seien hingegen Substitutionsprogramme. Die subjektive Wahrnehmung der Wirksamkeit von Therapien wird von den Medien festgelegt und wirkt sich wahrscheinlich auf die tatsächliche Wirksamkeit von Therapien aus (Vollmer 1998). Bemerkungen zum Einfluß der Medien auf unsere Wahrnehmung wirken banal, sind aber immer wieder notwendig, um nicht irgendwann nur noch das zu glauben, was die Medien vermitteln, und nicht mehr jenes, was man selbst direkt vor Ort wahrnimmt.

Und wenn dann die wissenschaftliche Forschung lediglich der Bestätigung des subjektiven Wissens dient, dann wird, um es in der Sprache von Pierre Bourdieu (1998a) auszudrücken, Willkürliches in den Forschungsgegenstand und in die Köpfe hineingetragen und bald als natürlich und selbstverständlich empfunden.

Vor rund 15 Jahren verkündete ein renommierter Wissenschaftler in der Tagesschau der ARD, daß das Alkoholismus-Gen gefunden sei. Nicht nur die Medien bestimmen, was Realität ist, sondern auch die Informationsstrukturen, wenn zum Beispiel nicht Gesundheitsredakteure, sondern politische Redakteure über Gesundheit berichten müssen. Nach einer Vorgabe des Bundes sind bei deren Pressekonferenzen selbst bei gesundheitspolitischen Themen nur politische Redakteure zugelassen (Deckers 2000). Aber am bedenklichsten sind einige Wissenschaftler und Therapeuten durch ihren Glauben, daß Krankheitsmodelle *real* sind, also keine *Modelle* des Denkens.

Fernsehen und Zeitungen berichteten regelmäßig, daß eine neue Droge aus den USA nach Deutschland kommen wird. Erst drei Jahre später gab es erste Anhaltspunkte, daß diese Droge auch wirklich in Deutschland erhältlich ist. „Und Schlagzeilen helfen einem vielleicht, Fördergelder zu bekommen" interpretiert ein führender italienischer Biologe (Angelo Vescovi, zit. n. Schwägere 2001, S. 43) die undifferenzierte Diskussion über die Stammzellenforschung. So wird über Forschungsgelder, natürlich nicht ausschließlich durch Schlagzeilen ausgelöst, Realität geschaffen. Das Kapital stimuliert und ermöglicht Forschung zur Entdeckung und Verbesserung von Maßnahmen, durch die Krankheiten bewältigt beziehungsweise geheilt werden können. Etwas kann erst in unseren Realitätsraum gelangen, wenn dafür Geld ausgegeben wird. Davor wird es als nicht existent oder wirksam betrachtet.

In seinem Essay mit dem Untertitel „Die Fiktionen der Zukunftsromane: Wie Wissenschaftler Politiker rumkriegen" schreibt der Astro- und Plasmaphysiker Gregory Benford: „Viele Erfindungen (Roboter, Laser, Computer, Radar) haben in den Büchern von Science-fiction-Autoren erstmals das Licht der Welt erblickt" (Benford 2001, S. 46). Und die FAZ schlußfolgert: „Die möglichen Konsequenzen heutiger Zukunftsvisionen der Biotechnologie sind in Filmen und Erzählungen deutlicher zu erkennen als in wissenschaftlichen Publikationsorganen" (FAZ v. 23. 06. 01, S. 46). Zum Beispiel sind die negativen Effekte von Gewalt im Fernsehen seit den fünfziger Jahren des vorigen Jahrhunderts empirisch belegt. Wer bestimmt, ob etwas real ist: die Wissenschaft, die Politik, die Medien oder die Berufsorganisationen durch Festlegung von Leitlinien oder durch andere Strategien zur Festigung von Denkstrukturen?

Einige Wissenschaftler und Therapeuten eilen bereits der Politik voraus. In „28 Tagen" wird aus Sandra Bullock eine verantwortungsbewußte amerikanische Staatsbürgerin. In Deutschland werden die ersten Studien zur 40-Minuten-Therapie durchgeführt und Erfolgsquoten von 20 Prozent berichtet. Deterministisches Krankheitsmodell pur, trotz geringer Erfolgswahrscheinlichkeiten (20%!). „Lola rennt" (1998) heißt ein deutscher, lediglich von der deutschen Kritik hoch gelobter und in Deutschland finanziell erfolgreicher Film, der der Hauptdarstellerin die Tür nach Hollywood öffnete.[5] „Sliding Doors" (1998) heißt der britische Film, in dem es ebenso um Zufall und Zukunft geht. Der differenzierteste Film zu diesem Thema „Smoking" und „No Smoking" (1993) wurde bereits fünf Jahre früher gedreht und reflektiert, wie kleine Ereignisse, und sei es nur das Verweilen an einem Ort, um eine Zigarette zu rauchen, oder eine ungeschickte Bemerkung in der Partnerschaft, große Wirkungen und Folgen auslösen können. Filme spiegeln nicht nur die Gesellschaft (Kra-

---

[5] Ein Beispiel, wie durch die Medien Realität geschaffen wird und diese Realität auf unsere Welt Einfluß hat. Der deutsche Film „Paradiso – Sieben Tage mit sieben Frauen" wird von der internationalen Filmkritik weitaus mehr beachtet als „Lola rennt" (siehe Falcon 1999; Higuinen 2000; Lalanne 1999); in den deutschen Medien wird er hingegen kaum erwähnt, mit Ausnahme der professionellen Filmkritik.

cauer 1974), sondern auch kulturelle Denkstrukturen. Lola rennt, um für ihren Freund Geld aufzutreiben; schneller, besser und erfolgreicher. Sich diesen Denkstrukturen zu widersetzen, macht die Qualität des französischen Kinos aus.

Geschichte(n) des Kinos
Aktualität der Geschichte
Geschichte der Wochenschauen
(Histoires des actualités
Histoires du cinéma)
beide mit s
mit SS

neununddreißig vierzig einundvierzig
Verrat des Radios
aber das Kino hält Wort

weil von Siegfried und M dem Mörder
bis zum großen Diktator
und bis zu Lubitsch
die Filme schließlich gemacht worden waren
nicht wahr
(JLG)

Lernen

Wir Therapeuten und Wissenschaftler können vom französischen Kino lernen, leider nicht vom deutschen. Es gibt zwar vereinzelt gute deutsche Filme, es gibt aber kein deutsches Kino mehr. Und es wird kein deutsches Kino geben – und irgendwann auch kein französisches mehr –, wenn es sich nur am Erfolg, am Kapital orientiert. Es wird kein deutsches Kino geben, wenn es nicht von innen heraus wachsen kann[6], sondern nur von außen

---

[6] Lösungsmöglichkeiten zur Verbesserung von Therapien, bei gleichzeitiger Reflexion der Krankheitsmodelle, werden in meinem Artikel „Zurück in die Zukunft" (in diesem Band) aufgezeigt, vorerst aber nur auf theoretischer Basis.

gesteuert wird, gesteuert in bester Absicht, ebenso wie die Eltern in bester Absicht bei unseren Abhängigen handelten und wie die Politiker auf die komplexen Probleme unserer Gesellschaft reagieren.

Es wird kein deutsches Kino mehr geben, solange es nicht in jeder großen Stadt eine Kinemathek gibt, in der wir die Filme von Jean Renoir, Robert Bresson, Jean Vigo, Howard Hawks, John Ford, Ernst Lubitsch, Friedrich Wilhelm Murnau, Fritz Lang sehen können[7], und solange die Fernsehsender ihre Strategien weiter ausbauen, das Denken, die Wahrnehmung, das Bewußtsein zukünftiger Generationen zu prägen.[8]

„Man muß sehen, was übrigbleibt, wenn man den Text abzieht: Beim Fernsehen bleibt nichts" (Godard).

„Das Modell des Wissens durch den Glauben ersetzen", schreibt Gilles Deleuze. „Doch der Glaube ersetzt das Wissen nur, indem er sich zum Glauben an diese Welt, so wie sie ist, macht." Es ist „notwendig, daß das Kino nicht die Welt filmt, sondern den Glauben an die Welt" (Deleuze 1985, S. 224).

Denken

In dem empfehlenswerten senegalesischen Film „TGV Express" (1998) kommt nach der Beschwörung zweier konkurrierender Medizinmänner endlich der ersehnte Regen. Beide Medizinmänner schreiben sich diesen Erfolg zu. Wir (glauben zu) wissen, daß es Zufall war.

In den Industrienationen entscheiden Gesundheitsexperten und Politiker, welche Therapieansätze in welcher Form für wel-

---

[7] Warum kann man die Meisterwerke dieser und anderer Regisseure nur etwa alle zehn Jahre auf einer Leinwand sehen und warum vorwiegend nur im Berliner „Arsenal" oder dem Münchener Filmmuseum?

[8] So müssen zum Beispiel anspruchsvolle Sendungen wie die von Alexander Kluge (10 vor 11) um den Erhalt ihres in nächtliche Stunden abgeschobenen Sendeplatzes kämpfen (RTL, dienstags 0.35 Uhr).

che Gruppen indiziert sind, und schreiben die durch statistische Verfahren definierten Erfolge ihren Leitlinien zu. Die senegalesischen Medizinmänner würden wissen, daß es Zufall ist.

Die Griechen und Römer erstellten ihre Prognosen auf Grundlage der Beobachtung des Flugverhaltens der Vögel. Den Römern ging es weniger um die Prognose als darum, den Willen der Götter zu erforschen. Und worum geht es unseren Gesundheitsexperten, Meinungsführern und Entscheidungsträgern?

die Nationen haben etwas über sich
das unter ihnen ist
die Regierungen
....

was die Menschheit weiß
wird von den Regierungen ignoriert
das kommt daher
daß die Regierungen
nur durch diese Kurzsichtigkeit
also die Staatsraison
sehen können
(JLG)

„Ich selbst werde an Europa glauben an dem Tag, wo man auf TF1[9] einen schlechten türkischen Film eher ausstrahlt als einen schlechten amerikanischen" (Godard 1994, S. 90).

Es gibt sowohl sehr gute amerikanische Filme als auch sehr schlechte französische Filme.

Der amerikanische Film war Vorbild für den neuen französischen Film, für die Nouvelle Vague (Chabrol 1955; Godard 1981;

---

[9] TF1 ist ein privater (sehr populärer) französischer Fernsehsender, der zum Baukonzern Bouygues gehört und der die Fernsehlandschaft Frankreichs sehr verändert hat. Dieser Sender ist ein Beispiel (neben vielen anderen) für die durch viele Faktoren beeinflußte Gefahr des Fernsehens auf Kunst, Literatur, Wissenschaft, Philosophie und Recht (Bourdieu 1998b).

Rivette 1953; Rohmer 1955; Truffaut 1954; s. a. Grafe 1985, 1996). Ohne viele der finanziell orientierten amerikanischen Filme wäre der französische Film nicht denkbar. Die Verhaltenstherapie kann ohne die Psychoanalyse nicht existieren und die Gesellschaft nicht ohne konkurrierende Therapien, die wahrscheinlich alle irgendwann durch andere ersetzt werden. Und ohne den amerikanischen Film (z. B. mit Jacqueline Bisset, Clint Eastwood, Morgan Freeman, Brad Pitt, Julia Roberts, Meg Ryan), Filme die ich mir sehr gern anschaue, kann ich den französischen Film nicht lieben.

Aber am Schluß bleibt das, was sowohl auf Verhaltenstherapie als auch auf Psychoanalyse und auf andere Therapieansätze zutrifft, und selbst auf den amerikanischen Film, das, was Jean Renoir über Film sagte:
„Es geht darum, Menschen zu zeigen und eine Tür zu öffnen, von der man glaubt, daß man dahinter etwas Menschlichkeit entdecken kann; oder eine Situation zu schaffen, die uns einen Charakter näherbringt. Es geht darum, den Menschen kennenzulernen, das ist alles" (Renoir).

Literatur

Ammann, J.-C. (2000): Ausgewählte Werke. Öffentliche Führung zum Szenenwechsel XVII im Museum für Moderne Kunst, Frankfurt/Main.

Benford, G. (2001): Lesestoff in Los Alamos. FAZ v. 23. 06. 01, S. 46.

Bourdieu, P. (1998): Praktische Vernunft. Zur Theorie des Handelns. Frankfurt/Main.

Bourdieu, P. (1998b): Über das Fernsehen. Frankfurt/Main.

Chabrol, C. (1955): Évolution du film policier. Cahiers du cinéma, No 54, S. 27–33.

Deckers, D. (2000): Der Umgang der Medien mit dem Thema Sucht und Drogen. Vortrag, 13. Wissenschaftliche Tagung der DG-Sucht. Würzburg.

Deleuze, G. (1985): Das Zeit-Bild. Kino 2. Frankfurt/Main, 1999.

Falcon, R. (1999): Run Lola run. Sight and Sound. Vol. 9, Nr. 11, S. 52.

Godard, J.-L. (1981): Einführung in eine wahre Geschichte des Kinos. München.

Godard, J.-L. (1994): A propos.... In: Douin, J.-L., Jean-Luc Godard. Paris, S. 79–110.

Godard, J.-L. (1999): Histoire(s) du cinéma. 5 CDs. München.

Godard, J.-L. (2000): Avenir(s) du cinéma. Numéro hors-série : Aux frontières du cinéma, S. 8–19.

Grafe, F. (1985): Beschriebener Film. Die Republik, VIII. Jahr, Nr. 72–75, 25. Januar 1985.

Grafe, F. (1996): Eine Rückwärtsbewegung mit einer gewissen Tendenz nach vorn. In: Grafe, F. (Hg.), Nouvelle vague. Wien, S. 7–14.

Grawe, K. (1998): Psychologische Therapie. Göttingen.

Higuinen, E. (2000): Les femmes d'Adam. Cahiers du cinéma, No 551, S. 90.

Kracauer, S. (1974): Kino. Frankfurt/Main.

Lalanne, J.-M. (1999): Cours Lola cours. Cahiers du cinéma. 534, S. 97.

Lewin, K. (1940): Formalisierung und Fortschritt in der Psychologie. In: Graumann, C.-F. (Hg.), Kurt-Lewin-Werkausgabe. Bd. 4: Bern/Stuttgart 1982, S. 41–72.

Lewin, K. (1943): Forschungsprobleme der Sozialpsychologie I. In: Graumann, C.-F. (Hg.), Kurt-Lewin-Werkausgabe. Bd. 4: Feldtheorie. Bern/Stuttgart 1982, S. 215–235.

McLuhan, M. (1968): Die magischen Kanäle. Understanding media. Düsseldorf.

Nida-Rümelin, J. (2001): Nachhilfestunden mit Amélie. SZ v. 18./19. 08. 01, S. 14.

Rohmer, E. (1959): La „somme" d'André Bazin. Cahiers du cinéma, No 91, S. 40.

Postman, N. (1999): Die zweite Aufklärung. Berlin, S. 102.

Renoir, J. (1975): Mein Leben und meine Filme. München.

Rivette, J. (1953): Génie der Howard Hawks. Cahiers du cinéma, No 23, S. 16–23.

Rohmer, E. (1955): Redécouvrir l'Amérique. Cahiers du cinéma, No 54, S. 11–16.

Schwägerl, C. (2001): Die Geister, die sie riefen. Was die Politik verschweigt. FAZ, 16.6.2001, S. 43.

Truffaut, F. (1954): Une certaine tendance du cinéma français. Cahiers du cinéma, No 31, S. 15–29.

Truffaut, F. (1973): Scénario: La nuit américaine. Paris, 2000.

Vollmer, H. C. (1998): Wirkungen und Wirksamkeit der Therapie Drogenabhängiger. In: Fachverband Sucht (Hg.), Suchttherapie unter Kostendruck. Geesthacht: Neuland, S. 67–89.

Anhang

Lösung: In Fußnote 2 sind nur Filme mit Seele aufgelistet. Daß es mir möglich war, diese Zufallsauswahl zu nennen, und ich weitere 100 auflisten könnte, verdanke ich Henry, der mich als Kind in französische (Stumm-)Filme schickte, und Friede Grafe und Enno Patalas beziehungsweise ihren Retrospektiven im Münchener Filmmuseum: einer Schule des Sehens, Fühlens und Denkens, einer Schule des entspannten Genießens, der auf die Leinwand gezauberten Bilder. Bei den Filmen der Fußnote handelt es sich ausschließlich um Filme, die auch in den Zeitschriften „Cahiers du cinéma", „epd-film" oder „Sight and sound" als herausragend beurteilt worden sind. Meisterwerke der Filmgeschichte sind mit einem Sternchen versehen. Wenn Sie über die Hälfte dieser Filme auf einer Leinwand gesehen haben, dann wäre das ein erstes Anzeichen, daß in Deutschland wieder eine Filmkultur im Entstehen ist.

28 Tage (28 Days). USA 2000, R: Betty Thomas, D: Sandra Bullock, Viggo Mortensen

Die amerikanische Nacht* (La nuit américaine). Frankreich/Italien 1973, R: François Truffaut, D: Jacqueline Bisset, Jean Pierre Léaud

L'Atalante*. Frankreich 1934, R: Jean Vigo, D: Jean Dasté, Michel Simon

Außer Atem* (À bout de souffle). Frankreich 1959, R: Jean-Luc Godard, D: Jean Seberg, Jean-Paul Belmondo

Betragen ungenügend* (Zéro de conduite). Frankreich 1933, R: Jean Vigo, D: Louis Lefebvre, Gilbert Pruchon

Der blaue Engel*. Deutschland 1930, R: Josef von Sternberg, D: Emil Jannings, Marlene Dietrich

Brot und Tulpen (Pane e tulipani). Italien/Schweiz 2000, R: Silvio Soldini, D: Licia Maglietta, Bruno Ganz

Die Brücken am Fluß (The Bridges of Madison County). USA 1995, R: Clint Eastwood, D: Clint Eastwood, Meryl Streep

La captive. Frankreich 2000, R: Chantal Akerman, D: Stanislas Merhar, Sylvie Testud

Chacun cherche son chat. Frankreich 1995, R: Cédric Klapisch, D: Garance Clavel, Zinedine Soualem

Chicken Run. GB/USA 2000, R: Nick Park u. Peter Lord

Chronik der Anna Magdalena Bach*. Deutschland/Italien 1967, R: Jean-Marie Straub, D: Gustav Leonhardt, Christiane Lang

Citizen Kane*. USA 1941, R: Orson Welles, D: Orson Welles, Joseph Cotton

Die Ehe im Kreise* (The Marriage Circle). USA 1924, R: Ernst Lubitsch, D: Marie Prevost, Florence Vidor

Erin Brockovich (USA 2000). R: Steven Soderbergh, D: Julia Roberts, Albert Finney

Es geschah in einer Nacht* (It Happened one Night). USA 1934, R: Frank Capra, D: Clark Gable, Claudette Colbert

Die Ferien des Monsieur Hulot* (Les vacances de Monsieur Hulot). Frankreich 1953, R: Jacques Tati, D: Jacques Tati, Nathalie Pascaud

Der Geist und Mrs. Muir* (The Ghost and Mrs. Muir). USA 1947, R: Joseph L. Mankiewicz, D: Gene Tierney, Rex Harrison

Das Geld* (L'argent). Schweiz/Frankreich 1983, R: Robert Bresson, D: Christian Patey, Sylvie van den Elsen

Im Zeichen des Bösen* (Touch of Evil). USA 1958, R: Orson Welles, D: Charlton Heston, Marlene Dietrich

Der letzte Mann*. Deutschland 1924, R: Friedrich Wilhelm Murnau, D: Emil Jannings, Maly Delschaft

Lola Montes*. Frankreich/Deutschland 1955, R: Max Ophüls, D: Martine Carol, Anton Walbrook

Lola rennt. Deutschland 1998, R: Tom Tykwer, D: Franka Potente, Moritz Bleibtreu

M*. Deutschland 1931, R. Fritz Lang, D: Peter Lorre, Gustaf Gründgens

Marius und Jeanette. Frankreich 1996, R: Robert Guédiguian, D: Gérard Meylan, Ariane Ascaride

Paradiso – Sieben Tage mit sieben Frauen. Deutschland 2000, R: Rudolf Thome, D: Hans Zischler, Adriana Altaras

Die Regenschirme von Cherbourg* (Les parapluies de Cherbourg). Frankreich 1963, R: Jacques Demy, D: Cathérine Deneuve, Nino Castelnuovo

Du sollst mein Glücksstern sein* (Singing in the Rain). USA 1952, R: Stanley Donen, D: Gene Kelley, Debbie Reynolds

Sliding Doors. GB/USA1998, R: Peter Howitt, D: Gwyneth Paltrow, John Hannah

Smoking / No smoking*. Frankreich 1993, R: Alain Resnais, D: Sabine Azéma, Pierre Arditi

Die Spielregel* (La règle du jeu). Frankreich 1939, R: Jean Renoir, D: Marcel Dalio, Nora Grégor

Der Strom* (The River). USA 1951, R: Jean Renoir, D: Patricia Walters, Rhada

TGV Express. Frankreich/Senegal 1998, R: Moussa Touré, D: Makéna Diop, Al Hamdou Traoré

Top hat*. USA 1935, R: Mark Sandrich, D: Fred Astaire, Ginger Rogers

*Trafic**. Frankreich/Italien 1971, R: Jacques Tati, D: Jacques Tati, Maria Kimberley

*Der Untermieter** (The Lodger). Großbritannien 1926, R: Alfred Hitchcock, D: Ivor Novello, June

*Vertigo**. USA 1958, R: Alfred Hitchcock, D: James Stewardt, Kim Novak

Yi Yi. Taiwan/Japan 2000, R: Edward Yang, D: Wu Nianzhen, Elaine Jin

Reinhard Kreische

Neuere therapeutische Entwicklungen in der Psychoanalyse

Noch vor wenigen Jahren wurde den Psychoanalytikern immer wieder nachgesagt, daß sie am liebsten sogenannte *YAVIS*-Patienten behandeln: young, attractive, vital, intelligent and successful: also jung, attraktiv, vital, intelligent und erfolgreich. Das ist zwar schon seit langem eine, wenn auch nicht ganz ernst gemeinte, üble Nachrede. Unter anderem hat die Entwicklung der psychoanalytisch-interaktionellen Methode in Göttingen dazu beigetragen, ich-strukturelle Störungen, unter anderem Suchterkrankungen, Borderline-Störungen und Delinquenz, auf psychoanalytischer Grundlage behandeln zu können, und die Erforschung und Therapie von Borderline-Störungen durch Kernberg in den USA (Kernberg et al. 2000) hat uns in der Arbeit mit schwerkranken Menschen weiter vorangebracht. Das alles gehört inzwischen schon zur Geschichte der Psychoanalyse.

Gibt es neuere Entwicklungen, die über diese genannten Fortschritte in der psychoanalytischen Arbeit hinausgehen?

Es gibt sie. Und ich will exemplarisch zwei dieser neueren Ergebnisse herausgreifen, die auch für die Behandlung von Suchterkrankungen von Bedeutung sind: erstens die Forschungsergebnisse des Düsseldorfer Psychoanalytikers Wolfgang Tress und seiner Mitarbeiter (Tress et al. 1994) sowie des Saarbrücker Psychoanalytikers Rainer Krause (Krause 1997), die untersucht haben, wie sich Therapeuten in „guten" und in „schlechten" Therapien verhalten, und zweitens die therapeutischen Auswirkungen der modernen Traumaforschung. Ein paar weitere neuere Entwicklungen werde ich dabei hin und wieder streifen.

Die Untersuchungen von Tress et al. und von Krause

In den Untersuchungen von Tress, Hildebrand, Junkert-Tress und Hartkamp (Tress et al. 1994), veröffentlicht unter dem Titel „Zum Verhältnis von Forschung und Praxis in der analytischen Psychotherapie", beschäftigen sich die Autoren mit der Frage, welches Therapeutenverhalten zu guten und welches zu schlechten Therapieergebnissen führt. „Der Therapeut", so kann man in dieser Arbeit lesen, „kommuniziert entgegen seinem bewußten Bemühen viel von seiner Gegenübertragung. Diese Kommunikation wird ihrerseits vom Patienten interpretiert und fließt in die Konstruktion eigener Bedeutungszusammenhänge notwendig mit ein" (Tress et al. 1994, S. 343).

Das Team aus Düsseldorf geht davon aus, daß „nicht mehr die Eigenschaften des Patienten" allein, „sondern die dynamischen Austauschprozesse zwischen ihm und dem Therapeuten, mithin die Persönlichkeit des Therapeuten selbst, ... in den Blickpunkt der Forschung" rücken. „Was bislang als Eigenschaften des Patienten galt, etwa Motivation, Beziehungsfähigkeit, Kooperationsbereitschaft, Übertragung oder Einsichtsfähigkeit, erscheint nun als das Ergebnis interaktioneller Austauschprozesse, d. h. wechselseitiger Zuschreibungen, Selbstdefinitionen und Beeinflussungen im Rahmen eines Aushandlungsgeschehens (Rudolf 1991, Binder et al. 1992, Luborsky et al. 1992, Sampson 1992)" (S. 342f.).

Der Psychoanalytiker und der psychoanalytisch fundiert arbeitende Therapeut verfügt „als Experte über die ausgeprägte Fähigkeit, umfassende und detaillierte Muster des intra- und interpersonellen Umgangs außerordentlich schnell und präzise zu erkennen. Dem Experten ist ein hochorganisiertes Grundwissen zu eigen, hingeordnet auf abstrakte Kernkonzepte und verbunden mit konkreten Erfahrungen in der Anwendung dieser Prinzipien in unterschiedlichen praktischen Situationen. Die wachsende Erfahrung verbindet Teile seines Grundwissens zu immer umfassenderen Informationskonglomeraten" (S. 343f.). Tradierte Konzepte bleiben jedoch ohne das Wissen aus der therapeutischen Arbeit heraus nutzlos, inert. Optimal wird Wissen erst durch reflektiertes „learning by doing" auf dem Boden eines strukturierten Erfahrungsschatzes (S. 344). Der Ort für dieses Lernen ist in unserer Weiterbildung zunächst die Supervision. Das dort Erarbeitete sollte dann aber auch in die Seminare dringen und zu Austausch und Auseinandersetzung führen.

Tress und Mitarbeiter setzen ein Untersuchungsverfahren ein, das *Zyklisch Maladaptive Muster* untersucht, abgekürzt CMP, das von Strupp und Binder entwickelt wurde. Das CMP-Modell „begreift und operationalisiert psychoanalytische Therapie als fortgesetztes interaktionelles Aushandeln, mithin die Übertragungsneurose als zwischenmenschliche Inszenierung der innerseelischen Konflikte des Patienten *wie des Analytikers* in der therapeutischen und aktuellen Außenbeziehung" (Tress et al. 1994, S. 345).

Untersucht werden Tonbandmitschnitte oder Transkripte von Therapiesitzungen. Mit Hilfe des SASB-Verfahrens von Benjamin erfolgt dann eine weitere Datenreduktion der untersuchten Sitzungen. SASB heißt „structural analysis of social behavior". In einem Fragebogen werden parallel zur Prozeß- und Inhaltsanalyse Selbst- und Fremdbeurteilungen zu den drei untersuchten Kategorien des SASB-Verfahrens erfaßt, und zwar aus der Einschätzung des Patienten wie des Therapeuten, während der Therapie, an deren Ende und in Katamnesen (Tress et al. 1994, S. 347). Diese Kategorien erfassen das Erleben und Beurteilen des Selbst des Sprechers, seiner Beziehungsobjekte und seine Introjekte. In erfolgreichen Therapien kommt es entweder zur Auflösung zentraler interpersoneller Konfliktmuster oder zum bewußten und kontrollierten Umgang mit ihnen. Der Patient kann sie dann rasch identifizieren und den malignen Kreislauf selbst unterbrechen. In erfolglosen Therapien gelingt dies nicht.

„Die Interaktionsanalyse mit der SASB/CMP-Methode ermöglicht es, auch die Gegenübertragung, die den Therapeuten zwar in Teilen unbewußt bleibt, die aber aus allen Poren non- und averbaler Kommunikation hervorquillt, unmittelbar zu identifizieren. Mimik, Gestik, Tonfall, Grammatik und Wortwahl vermitteln oft antitherapeutische komplexe Botschaften" (Tress et al. 1994, S. 349), zum Beispiel Freundlichkeit und Ablehnung zugleich oder direkte subtile Feindseligkeiten, die zu Störungen im Therapieprozeß führen und nur allzu leicht einem intrapsychischen Widerstand oder anderen psychopathologischen Phänomenen des Patienten zugeschrieben werden.

Die Untersuchungen von Psychoanalysen mit diesen Verfahren ergaben folgende Ergebnisse:

1. Der gute Therapeut, der erfolgreiche Therapien durchführt im beschriebenen Sinn, ist aufmerksam, interessiert, wohlgesonnen, besorgt und direkten Ratschlägen nicht grundsätzlich abgeneigt. Er spricht die Sprache des Patienten und provoziert selten intensiven Ärger. Er thematisiert in einer warmen, empathischen Beziehung die Interaktionszirkel außerhalb und innerhalb der Therapie, unter denen der Patient leidet; das heißt, er konfrontiert und klarifiziert in einer zugewandten Atmosphäre. Er bezieht diese Interaktionen auf frühere, gegenwärtige und in der Therapie inszenierte Interaktionsmuster, das heißt, er deutet sie. Dadurch werden rätselhafte Symptome entmystifiziert und als Folge entgleister zwischenmenschlicher Umgangsweisen aufgeklärt.

2. Erfolgreiches therapeutisches Arbeiten bedeutet, frühzeitig eine positive Allianz zum Patienten herzustellen sowie sie störende Einflüsse wahrzunehmen und zu bearbeiten. Der Patient soll erleben, daß sein Therapeut ihn versteht, daß er ihm helfen kann und das auch wirklich will. (Wenn ich Abstinenz und Neutralität so verstehe, daß ich nicht freundlich, zugewandt, taktvoll und höflich sein darf, wenn ich mich vor spontanen mitmenschlichen Äußerungen glaube hüten zu müssen, wenn ich jeden direkten Ratschlag scheue wie der Teufel das Weihwasser, werde ich wahrscheinlich keine erfolgreichen Therapien durchführen können.) Auf dem Hintergrund dieser positiven Allianz zwischen Therapeut und Patient darf und soll (!) es dann vorübergehend auch zu Verstimmungen kommen. Sie werden zum lehrreichen Anschauungsmaterial der Behandlung. (Ich muß diese Verstimmungen aber nicht etwa provozieren oder mich fürchten, wenn sie lange Zeit unterbleiben. In einer Behandlung, in der ich kontinuierlich meine Arbeit mache und konfrontiere, klarifiziere, antworte und deute, mute ich meinen Patienten genug an Frustrationen zu, so daß ich davon ausgehen kann, daß auch hartnäckige Idealisierungen im Lauf der Zeit in Frage gestellt werden, aber eben erst dann, wenn der Patient so weit ist und diese Belastung der Beziehung

tolerieren kann. Künstliche Frustrationen des Patienten durch unklare oder inkonsequente oder rigide Vereinbarungen, Regeln oder Hausordnungen kann ich mir getrost sparen. Das heißt nun wiederum nicht, daß ich der Willkür mancher unserer Patienten nicht durch klare, feste Absprachen, die immer auch eine gewisse Härte gegenüber dem Patienten enthalten, begegnen soll. Durch Regeln und Willkürbegrenzung schaffe ich ja erst den Rahmen, der es ermöglicht, sich mit ängstigenden oder beschämenden innerseelischen und interpersonellen Prozessen zu beschäftigen. Ich soll aber die Frustrationstoleranz des Patienten bei diesen Absprachen berücksichtigen, soll ihn dabei nicht überfordern, aber auch nicht unterschätzen.)

3. Das Idealziel der Therapie ist die Veränderung oder bessere Handhabung des negativen Introjekts, einer rigiden, übererlernten Überzeugungsstruktur zur eigenen Person. Nur so können sich die negativen Vorerwartungen ermäßigen, mit denen unsere Patienten auf ihre Mitmenschen zugehen. Dann können die erwarteten, alten schlechten Erfahrungen vermieden und entscheidend bessere Erfahrungen gewonnen werden. Ein negatives Introjekt wird durch auch nur geringfügige negative Beziehungserfahrungen in der Therapie verfestigt, es bedarf aber unzähliger Widerlegungen durch positive Beziehungserfahrungen, um es zu modifizieren. Selbst dann ist der Gewinn nicht sicher, auch deshalb, weil der Patient im sonstigen Leben vielen anderen und oft sehr negativen Einflüssen ausgesetzt ist. (Wer in der stationären Psychotherapie gearbeitet hat, vor allem bei Er-wachsenen mit ihren bereits chronifizierten Erkrankungen, aber auch in der Behandlung von Kindern und Jugendlichen, der kennt die erheblichen Rückschläge, die nach monatelanger stationärer Behandlung durch einen Familienbesuch ausgelöst werden können.) Therapie ist nur ein Lebensereignis unter vielen, und ihre Früchte liegen oft weit jenseits der 40. Stunde, bis zu der angeblich laut Grawe et al. (1994) wider alle klinische und vor allem katamnestische Erfahrung „professionelle" Behandlungen beendet sein müssen und nur „Stümper" noch weiter behandeln. Die schädlichen Auswirkungen der verkürzten Therapiezeiten für unsere Patienten in der stationären Suchtkrankentherapie durch die veränderten gesetzlichen Rahmenbedingungen sind bekannt.

4. Die Prozeßanalysen mißlungener therapeutischer Gespräche decken häufig eine hochgradige Komplexität im Kommunikationsverhalten des Therapeuten auf mit völlig entgegengesetzten Botschaften. Unabhängig vom vielleicht richtigen Inhalt verstärken solche Interaktionen ein autodestruktives Introjekt im Patienten. Deshalb ist ein Training der Moment-zu-Moment-Interaktion in Supervision, Selbsterfahrung und für die Forscher vielleicht auch noch mit CMP und SASB fundamental für alle Therapeuten, übrigens für Therapeuten aller therapeutischer Ausrichtungen, nicht nur für Psychoanalytiker.

5. Im Fall negativer Komplementarität zahlt der Therapeut feindseliges, negativistisches und provokatives Patientenverhalten, von dem ein ungeheurer interaktioneller Sog ausgeht, ungesteuert mit gleicher Münze heim. Er zerstört selbst die therapeutische Beziehung und provoziert einen Behandlungsabbruch.

6. Umgekehrt sind es aber nicht etwa die besonders gut gesteuerten bis übersteuerten Therapeuten, die erfolgreiche Therapien machen. Sie wollen zwar solche Feindseligkeiten rigide und um jeden Preis vermeiden. Produktives Therapeutenverhalten kann aber nicht im Intensivkurs eintrainiert oder durch sklavisches Befolgen eines Therapiemanuals sichergestellt werden. Gerade besonders manualhörige Therapeuten sind oft solche, deren eigenes negatives Introjekt sich zwischen Selbstkontrolle und Selbstunterdrückung bewegt und die auf diese Weise auch die Beziehung zu ihren Patienten gestalten. Aus unseren eigenen Selbsterfahrungen wissen wir, wie lange es dauern kann, bis sich negative Beziehungserwartungen verändern und bis unser Lebensgefühl und unser Weltbild sich verändert. Leider lassen es manchmal unsere eigenen negativen Introjekte erst spät zu, daß wir relativ offen unsere feindseligen Reaktionen auf unsere Patienten erleben und wahrnehmen und dann auch offen in Supervision und Selbsterfahrung darüber sprechen können. Das gleiche gilt übrigens auch für tabuisierte libidinöse Reaktionen gegenüber Patienten. Einen Hinweis hierauf habe ich in der Arbeit von Tress und Mitarbeitern vermißt.

Die Untersuchungen von Krause enthalten nicht nur Hinweise auf die Gefahren unbewußter Feindseligkeiten durch den Therapeuten. Er unterscheidet vier Gruppen von Therapeutenverhalten (Krause 1997, S. 100f.):

1. Am ungünstigsten wirken sich Therapeuten aus, die die affektiven unbewußten Beziehungsangebote ihrer Patienten überhaupt nicht wahrnehmen können, nicht aus Gründen der Abwehr (wie wir das in allen, auch in guten, Therapien hin und wieder finden), sondern als Folge einer habituellen affektiven Blindheit. Das trifft man bei weitem häufiger an, als man denkt. Bei den Therapeuten, die Krause in der Auswertung von Affekten trainiert hat, fand er immer wieder solche, die keine reliablen und validen Urteile über die Affekte anderer erstellen konnten, weil sie nicht einmal das muskuläre mimische Muster eines Affekts erkennen und verstehen konnten. Sie entsprechen der Position von unempathischen Laien oder mancher Patienten, zum Beispiel mancher psychosomatischer oder antisozialer Persönlichkeiten. Ein hoher Anteil dieser Wahrnehmungsschwäche ist erblich (Zahn-Waxler, Robinson u. Emde 1992). Solche Therapeuten interpretieren ihre Patienten immer wieder falsch und erzeugen dadurch Angst, Abwehr und Widerstand, sofern ihre Patienten zu diesen Ich-Leistungen imstande sind.

2. Der Therapeut nimmt die affektiven Beziehungsangebote innerlich wahr und reagiert wie ein empathischer Laie auf sie. Er verhält sich entweder reziprok hedonisch oder reziprok anhedonisch: daß heißt, wenn der Patient positive Affekte zeigt (Freude, positive Überraschung), empfindet und zeigt sie der Therapeut auch, wenn der Patient negative Affekte zeigt (Ärger, Ekel, Angst, Verachtung), geht es dem Therapeuten entsprechend. Positive Affekte sind so definiert, daß sie Wünsche nach einer Fortführung der gerade bestehenden Objektbeziehung oder einer aktuellen Aktivität oder Wünsche nach einer Annäherung an das Objekt ausdrücken, negative Affekte sind Wünsche nach einer veränderten Objektbeziehung oder nach Distanzierung vom Objekt. Therapeuten, die sich so verhalten und dies auch noch richtig finden, sind der Typ des Gurus, der ganz offen und ichsynton den unbewußten Beziehungsangeboten des Patienten folgt und die Neuauflage des Traumas des Patienten durch ihn zur Heilmethode erklärt. Ein extremes Beispiel hierfür wäre ein Therapeut, der seinen Inzest mit einer Patientin für heilsam hält.

Derartige „Gurus" habe ich leider auch kennengelernt. Vom ersten Typus unterscheidet sich dieser Therapeut dadurch, daß er das Beziehungsangebot erkennt. Damit endet dann allerdings auch schon der therapeutische Akt.

3. Der Therapeut nimmt die affektiven Beziehungsangebote wahr, reagiert darauf wie der Therapeut des Typus 2, also wie ein empathischer Laie, findet das aber im Prinzip unangemessen, kann sich jedoch nicht dagegen wehren. Das ist die häufigste Form des Scheiterns bei gut ausgebildeten Therapeuten. Hier findet eine Dissoziation statt zwischen dem inneren Erleben und der eigenen affektiven Inszenierung. Zum Beispiel nimmt ein Therapeut die fehlende Aggressivität seines Patienten wahr und ärgert sich über dessen lächelnde Maske, ist aber fortlaufend dabei, das Lachen des Patienten durch sein eigenes Verhalten zu verstärken. Wenn er sein eigenes Verhalten schließlich damit rationalisiert, daß der Patient so ich-schwach sei, daß er sich so verhalten müsse, sinkt er auf Stufe 2 ab. Diese Art des Agierens der Gegenübertragung kann völlig unbewußt ablaufen, so daß sie auch nicht in der Supervision zur Sprache kommt, zumindest nicht in der Supervision ohne Tonbandprotokolle.

4. Der Therapeut nimmt die Beziehungsangebote wahr, kann sie innerlich als fremdinduzierte Gefühle wahrnehmen und in sich aufbewahren, um dann eine andere Antwort als die erzwungene zu geben. Er reagiert nicht reziprok, sondern komplementär. Seine andere Antwort bezieht sich auf den affektiven Austausch im Verhalten und auf seine sprachlichen Interventionen, wobei das erstere Priorität hat. Es sieht so aus, als zeige der Therapeut diejenigen Affekte, die dem Patienten in den erzählten Episoden fehlten, weil sie ihm durch seine Lebensgeschichte abhanden gekommen sind (Krause 1997).

In erfolgreichen Therapien findet sich eine klare Zweiteilung der Behandlung. Im ersten Teil erzählt der Patient intensiv, durch das Fehlen der zentralen Affekte, die jedoch der Therapeut hat, versteht der Patient seine eigenen Erzählungen aber nur unvollkommen. Über das im Therapeuten hervorgerufene Gefühl, das er per Mimik, Gestik und Intervention dem Patienten zurückgibt, kommt es zu einem Punkt, an dem der Patient das externalisierte

Gefühl in seine Erzählung wieder einbeziehen muß und auch kann, wodurch es zu einer Neustrukturierung der Erzählung des Patienten kommt. Beziehungswünsche verschwinden dann, oder, häufiger, es können und müssen neue Subjekt- und Objektreaktionen erprobt werden. In den erfolglosen Behandlungen findet sich diese Zweiteilung nicht, weil die Therapeuten gemäß Typus 1 bis 3 interagieren (Krause 1997).

Neutralität und Abstinenz in psychoanalytisch fundierten Behandlungen sind also nicht so zu verstehen wie in der veralteten Freudschen Metapher, der Analytiker solle sein wie ein Spiegel. Das ist keine moderne Psychoanalyse.

Abstinenz ist ein technisches Prinzip, das die Vermeidung von Übertragungsgratifikationen, also das Unterlassen der Erfüllung von Übertragungswünschen fordert (Freud 1915, 1919; Moore u. Fine 1990). Durch das Abstinenzprinzip wird vom Analytiker Enthaltsamkeit gefordert: Er soll auf Übertragungsgratifikationen verzichten, auch dann, wenn ihm selbst das Erfüllen dieser Wünsche gefallen würde. Er verlangt durch dieses Prinzip dem Patienten aber auch Enthaltsamkeit ab, nämlich im Hinblick auf das Ausagieren seiner infantilen, aber auch seiner reiferen Wünsche in der therapeutischen Beziehung.

Die Einhaltung des Abstinenzprinzips hat zur Folge, daß die Frustration zunimmt, daß die Entstehung, das Erkennen und das Verständnis der Übertragungsneurose gefördert wird und daß das Durcharbeiten und strukturelle Veränderungen begünstigt werden. Vor allem aber entsteht durch die Abstinenz ein geschützter Raum, in dem regressive Wünsche sich angstfreier entfalten können, weil sicher ist, daß alle Impulse, Phantasien und Wünsche erlaubt und möglich sind, gerade weil einer darüber wacht, daß sie nicht in Handlungen einmünden. Hierdurch wird die Integration verdrängter Wünsche und Impulse in das Selbst ermöglicht. Wenn sie nicht mehr verdrängt werden müssen, können sie bearbeitet und sozialisiert werden. Damit verlieren sie ihren archaischen, in hohem Grad ängstigenden und bedrohlichen Charakter. Die Ich-Stärke nimmt zu. Das Ich kann mit Es- und Über-Ich-Impulsen besser umgehen. Der Handlungsspielraum des Analysanden wird hierdurch vergrößert.

Abstinenz wird von manchen als ein Aspekt der Neutralität

betrachtet. Sie ist jedoch ein spezielles technisches Prinzip, das sich auf die Frustration von Übertragungswünschen bezieht (Kreische 1998).

Neutralität in der psychoanalytischen Behandlung besagt, daß der Analytiker seine Gegenübertragung und seine eigene Übertragung auf den Patienten unter Kontrolle halten soll, daß er vermeiden soll, seine eigenen Wertvorstellungen dem Patienten aufzuoktroyieren, und daß er die Fähigkeiten des Patienten stärker als die eigenen Vorlieben als Richtschnur seines Handelns benutzen soll. In der Sprache der Strukturtheorie wird Neutralität beschrieben als die Einnahme einer Position, die etwa gleich weit von den Wünschen und Forderungen des Es, des Ich und des Über-Ich entfernt ist. Das Konzept definiert darüber hinaus die empfohlene emotionale Einstellung des Analytikers: Er soll eine professionelle Beziehung eingehen mit einem hilfreichen, wohlwollenden Verständnis dem Patienten gegenüber, wobei er aber Extreme von Verständnis und Überidentifikation (overinvolvement) vermeiden sollte (Bornstein 1983; Freud 1911–15, 1940; Moore u. Fine 1990). – Die Neutralität dient denselben Zielen wie die Abstinenz.

Nicht nur der klassisch arbeitende Psychoanalytiker, sondern auch ein psychoanalytisch-interaktionell ausgebildeter Therapeut, der gewohnt ist, seine Gegenübertragung dem Patienten mitzuteilen, muß sich klarmachen, daß es nicht immer möglich ist, dies „selektiv authentisch" zu tun. Wir wissen heute, daß wir unsere Übertragungen und unsere Gegenübertragungen auch dann kommunizieren, wenn wir sie selektiv auszublenden versuchen, und von Krause lernen wir, daß es – unter der Voraussetzung des Typus 4 – gut ist, daß wir dies tun, daß wir leider aber auch immer wieder mit unseren eigenen Konflikten auf unsere Patienten reagieren.

Jeder muß für sich selbst herausfinden, in welcher Form, die zu ihm paßt, er die therapeutische Situation so gestaltet, daß eine gute Beziehung entstehen kann. Was für Ihren Ausbilder paßt an kompetentem Therapeutenverhalten ist nicht in allen Punkten auch für Sie passend. Und Ihr Supervisor soll sich nicht darum bemühen, Sie zu klonen, so daß Sie anschließend therapieren wie er, sondern er soll Ihnen helfen, Ihren Stil zu finden. Hierbei ist nicht alles erlaubt. Aber es ist erlaubt, über alle Möglichkeiten und Formen nachzudenken.

Ein guter Analytiker hat also viele Spielräume. Abstinenz und Neutralität sind kein Korsett, das ihm die Spontaneität abwürgen soll. Eine *fester* Umgang mit Abstinenz und Neutralität ist gerade kein *rigider* Umgang damit. Vielmehr ist er die Voraussetzung für einen flexiblen, *spielerischen* Umgang mit Libido, Aggressivität und Narzißmus in der Therapie, weil er die Einhaltung von *Spielregeln* ermöglicht und die *Willkür begrenzt* (Kreische 1998).

Die Untersuchungen von Tress et al. (1994) relativieren also nicht etwa das Abstinenz- und Neutralitätsprinzip. Das, was erfolgreiche Therapeuten tun, ist abstinent und neutral. Die Autoren machen uns aber ebenso wie Krause erneut darauf aufmerksam, daß wir Gegenübertragung agieren können, ohne daß uns das bewußt ist. Gerade die nicht erfolgreichen Therapeuten sind in diesem Sinn oft unneutral oder unabstinent, allerdings ist es ihnen (außer bei Krauses Typ 3) nicht bewußt, daß sie es sind. Je unverkrampfter wir uns in der therapeutischen Beziehung geben können, desto geringer wird das Risiko, unbewußt unabstinent und unneutral zu sein. Völlig gelingen wird uns die Einhaltung dieser beiden Prinzipien allerdings wohl nie. Sie sind Idealforderungen.

Ohne Abstinenz und Neutralität machen wir schlechte Therapien – jedoch auch, wenn wir zu viel Angst vor unseren negativen Introjekten haben. Wir reden dann freundlich und kommunizieren gleichzeitig Feindseligkeit. Und ein besonders infames negatives Introjekt kann uns dazu bringen, daß wir Angst vor Spontaneität, Freundlichkeit und Mitmenschlichkeit haben und uns durch ein Pokerface vor unserer libidinösen Willkür zu schützen versuchen. Psychoanalyse und psychoanalytisch fundierte Psychotherapie sind zwar Formen des Spiels, aber Poker sind sie nicht.

Traumaforschung

Aus den vielen internationalen Weiterentwicklungen zum Therapiekonzept von Borderline-Störungen, die zum Beispiel in einer glänzenden Zusammenfassung in dem „Handbuch der Borderline-Störungen" nachzulesen sind, das von Kernberg, Dulz und Sachsse (2000) herausgegeben wurde, will ich nur einen Aspekt herausgreifen: nämlich die Auswirkungen der Traumaforschung auf die Therapie.

Amerikanische Untersuchungen aus der Streßforschung haben bei Affen, die experimentell durch Deprivation schwer traumatisiert wurden, gezeigt, daß bei diesen Tieren massive Schädigungen in verschiedenen psychischen und hormonalen Regulationssystemen auftreten, die die Tiere überdurchschnittlich verletzbar beim Auftreten von Streß machen. Die Hormonspiegel dieser Tiere entgleisen in einen pathologischen Bereich. Spritzt man einer nicht traumatisierten Population von Tieren geringe Mengen eines Streßhormons, so führt das dazu, daß diese Tiere für einige Zeit überdurchschnittlich wach und aktiv werden und danach wieder zur Ruhe kommen. Dieselbe Menge Streßhormon, wird sie bei den vorgeschädigten Tieren appliziert, führt zu destruktiven Ausbrüchen. Die Tiere fallen übereinander her und beißen einander tot. Außerdem kann bei den traumatisierten Tieren selbstverletzendes Verhalten festgestellt werden: Sie schlagen zum Beispiel wiederholt ihren Kopf an die Wand. Beides, fremddestruktives und autodestruktives Verhalten, findet sich auch bei traumatisierten Menschen (van der Kolk 1998).

Interessanterweise führt das autodestruktive Verhalten dazu, daß sich die entgleisten Hormonwerte im Blut wieder in den Bereich der Normwerte bewegen. Auch das findet sich sowohl bei den geschädigten Tieren als auch bei Menschen mit posttraumatischem Streßsyndrom. Das „gestörte" Verhalten hat offensichtlich eine reparative Funktion. Wahrscheinlich ist dies auch bei fremdaggressivem Verhalten so (van der Kolk 1998).

Im Hinblick auf das Selbstwertgefühl heißt das, daß Destruktivität als extreme Form einer Coping-Strategie betrachtet werden kann. Destruktives und autodestruktives Verhalten kann dazu dienen, ein Selbst zu stabilisieren, das wirklich oder im subjektiven Erleben von Zerfall oder Vernichtung bedroht ist. Patienten mit selbstschädigendem Verhalten beschreiben manchmal, daß sie sich durch ihr Verhalten wieder spüren können, was selbst bei starken Schmerzen durch Schnitt- oder Brandverletzungen besser zu ertragen ist als der gefühllose, tote Zustand zuvor. Ein Kollege hat vor Jahren in einem Selbstversuch mit halluzinogenen Drogen in der Klinik zwei Horrortrips erlebt. Einmal geriet er in einen Zustand, in dem er keiner Sinneswahrnehmungen mehr fähig war, er spürte buchstäblich nichts mehr; ein anderes Mal wurde er durch einen Fleischwolf gedreht. Das letztere Erlebnis war wesentlich weniger grauenvoll als das erste.

Wenn das Selbst von Zerfall oder Vernichtung bedroht ist, ist destruktives oder autodestruktives Verhalten ein deutliches Signal für das Selbst, daß es noch zum Handeln fähig ist. Beim Suchtmittelabusus heißt das: Ich kann mit dem Suchtmittel Einfluß nehmen auf meine Gefühle und Gedanken. Ich bin ihnen nicht nur passiv ausgesetzt. Das hat eine restabilisierende Wirkung. Störungen des Selbstwerterlebens finden wir bei allen Abhängigkeitserkrankungen.

Autodestruktives und destruktives Verhalten kann offenbar im Dienst des Selbstschutzes eingesetzt werden, um einem drohenden oder befürchteten Zusammenbruch der Persönlichkeit entgegenzuwirken. Bei den posttraumatischen Störungen haben Belastungen in der Vorgeschichte die Regulationsmöglichkeiten des Organismus dauerhaft geschädigt, so daß im späteren Leben bereits solche Belastungen nicht ausreichend konstruktiv bewältigt werden können, die nicht vorgeschädigte Menschen ohne weiteres zu bewältigen imstande sind. Die Anfälligkeit gegenüber Streß ist erhöht.

Studien über Abhängigkeitskranke weisen immer wieder darauf hin, daß sich in diesen Gruppen in der Kindheitsgeschichte Mißbrauch und Vernachlässigung in weitaus höherem Ausmaß finden als in der Allgemeinbevölkerung (z. B. Hernandez u. DiClemente 1992; Abueg u. Fairbank 1992; Lisak 1993). Gleichzeitig findet sich bei traumatisierten Erwachsenen in einem hohen Prozentsatz Alkohol- und Drogenmißbrauch (Keane u. Wolfe 1990; Kulka et al. 1990).

Sowohl posttraumatische Belastungsstörungen als auch ande-

re Formen schwerer Persönlichkeitsstörungen sind der Boden, auf dem sich Abhängigkeitserkrankungen, zumindest solche schwerer Art, entwickeln. Bei einem großen Teil dieser Erkrankungen wird das Suchtmittel im Sinn eines Selbstbehandlungsversuchs eingesetzt. Rost (1992) unterscheidet beim Alkoholismus vier Formen mit zunehmender psychopathologischer Relevanz:
- eine soziokulturell bedingte Form wie zum Beispiel den Elendsalkoholismus,
- neurotische Alkoholiker, die nüchtern eine ausgesprochene Triebhemmung aufweisen und die mit Hilfe des Suchtmittels aggressiv und sexuell triebhafter und lebendiger werden,
- ich-schwache Alkoholiker, die neben einer Störung der Regulation ihrer Triebbedürfnisse außerdem Ich-Funktionsstörungen im Bereich der emotionalen Stabilität, der Affektwahrnehmung, der Frustrationstoleranz, des Reizschutzes und in weiteren Bereichen aufweisen, und
- die „Süchtigen im engeren Sinn", bei denen die stärkste Regression stattgefunden hat, was zu psychosomatischen Prozessen, Autodestruktion und primitiven Abwehrmechanismen führt.

Während Rost den drei ersten Formen die Bedeutung von Selbstheilungsversuchen zubilligt, vertritt er die Auffassung, daß bei der schwersten, vierten Form die Droge nicht mehr als Selbstheilungsmittel eingesetzt wird, sondern daß hier deren autodestruktive Potenz vorherrschend ist. Entscheidend für die Drogenwahl sei hier, wie Glover (1933) es nannte, „das Moment des Sadismus" (Rost 1992, S. 136). Ich stimme Rost in vielem zu. Die moderne Säuglingsforschung (Dornes 1995; Lichtenberg 1983; Lichtenberg et al. 1992) und Traumaforschung (van der Kolk 1996; Sachsse 1987, 1994) legen es allerdings nahe, daß wir auch die Destruktivität und Autodestruktivität der vierten Form als ein, wenn auch extremes, Verhalten betrachten können und müssen, das letztlich im Dienst des Selbstschutzes steht (Kreische 2000).

In der Suchtkrankenbehandlung von traumatisierten Menschen, und das sind nicht wenige unserer Patienten, ist es sinnvoll, Konzepte aus der Traumatherapie in der Behandlung zu berücksichtigen. Beispielsweise wird in dem traumatherapeutischen Konzept von Reddemann und Sachsse zunächst an der Verbesserung der Ich-Funktionen des Reizschutzes und anderer Abwehrmechanismen gearbeitet, damit die Patienten schwer erträgliche Affekte in den Therapien begrenzen oder vermeiden können. Erst dann kann man in der Therapie auch auf das Trauma zu sprechen kommen. Unterläßt man die Phase 1 der Behandlung, kann es in der Therapie zu einer Retraumatisierung kommen. Phase 3 der Therapie beschäftigt sich mit dem Thema: Das Trauma war schrecklich, aber das Trauma ist nicht alles. Aufgrund der lebenslänglich verbleibenden erhöhten Vulnerabilität traumatisierter Menschen gegenüber Belastungen dürfen wir es in einer zeitgemäßen Therapie nicht versäumen, ihnen nahezubringen, daß sie sich auch nach einer erfolgreichen Behandlung weniger zumuten dürfen als nicht Traumatisierte, daß sie empfindlicher sind als andere, und wir müssen mit ihnen daran arbeiten, wie sie sich in die Lage bringen können, Belastungen und Streß zu reduzieren (Kreische 2000).

In der Traumatherapie und in nahezu allen modernen therapeutischen Weiterentwicklungen der Psychoanalyse wird nicht mehr nur konflikt- oder problemorientiert gearbeitet, sondern auch ressourcenorientiert, wie dies Fürstenau (1994) in seinem Konzept einer psychoanalytisch-systemischen Therapie am explizitsten ausgearbeitet hat. Das heißt, daß wir Therapeuten stärker als in der Vergangenheit nicht nur das in den Blickwinkel unserer Aufmerksamkeit nehmen, was unsere Patienten nicht können, sondern auch das, was sie können, und daß wir diese positiven Ressourcen der Patienten in unseren Therapien nutzen und verstärken.

All diese Weiterentwicklungen der psychoanalytischen Behandlungsverfahren haben eines gemeinsam, weshalb ich empfehlen kann, sie sich anzueignen: Die Therapien machen mehr Spaß. Und den können wir bei unserer therapeutischen Arbeit mit Suchtkranken gut gebrauchen.

Literatur

Abueg, F. R.; Fairbank, J. A. (1992): Behavioral treatment of posttraumatic stress disorder and co-occuring substance abuse. In: Saigh, P. A. (Hg.), Posttraumatic Stress Disorder: A Behavioral Approach to Assessment and Treatment. Boston.

Binder, J. L.; Strupp, H. H.; Rock, D. L. (1992): A proposal for improving the psychoanalytic theory of technique. In: Barron, J. W.; Eagle, M. N.; Wolitzky, D. L. (Hg.), Interface of Psychoanalysis and Psychology. Washington, D. C., S. 605–626.

Bornstein, M. (Hg.) (1983): Values and neutrality in psychoanalysis. Psychoanal. Inquiry 3: 547–717.

Dornes, M. (1995): Gedanken zur frühen Entwicklung und ihrer Bedeutung für die Neurosenpsychologie. Forum Psychoanal. 11: 27–49.

Freud, S. (1911–15): Technische Schriften. G. W. Bd. VIII, X. Frankfurt/Main.

Freud, S. (1915): Bemerkungen über die Übertragungsliebe. G. W. Bd. X. Frankfurt/Main.

Freud, S. (1919): Wege der psychoanalytischen Therapie. G. W. Bd. XII. Frankfurt/Main.

Freud, S. (1940): Abriß der Psychoanalyse. G. W. Bd. XVIII. Frankfurt/Main.

Fürstenau, P. (1994): Entwicklungsförderung durch Therapie. 2. Aufl. München.

Glover, E. (1933): Zur Ätiologie der Sucht. Int. Z. Psa. 19: 170–197.

Grawe, K.; Donati, R.; Bernauer, F. (1994): Psychotherapie im Wandel. Göttingen.

Hernandez, J. T.; DiClemente, R. J. (1992): Emotional and behavioral correlates of sexual abuse among adolscents: Is there a difference according to gender? Journal of Adolscent Health 13: 658–662.

Keane, T. M.; Wolfe, J. (1990): Comorbidity in post-traumatic stress disorder: An analysis of community and clinical studies. Journal of Applied Social Psychology 20: 1776–1788.

Kernberg, O. F.; Dulz, B.; Sachsse, U. (Hg.) (2000): Handbuch der Borderline-Störungen. Stuttgart/New York.

Kolk, B. A. van der (1998): Zur Psychologie und Psychobiologie von Kindheitstraumata. In: Streeck-Fischer, A. (Hg.), Adoleszenz und Trauma. Göttingen, S. 32–56.

Kolk, B. A. van der; McFarlane, A. C.; Weisaeth, L. (Hg.) (1996): Traumatic Stress. New York.

Krause, R. (1997): Allgemeine Psychoanalytische Krankheitslehre. Band 1: Grundlagen. Stuttgart u. a.

Kreische, R. (1997): Psychoanalyse und staatliche Gesetze zur Verhinderung von sexuellem Mißbrauch. Forum Psychoanal. 14: 385–387.

Kreische, R. (2000): Suchtbehandlung. In: Behnsen, E.; Bell, K.; Best, D.; Gerlach, H.; Schirmer, H. D.; Schmid, R. (Hg.), Management Handbuch für die psychotherapeutische Praxis. Heidelberg, S. 2080, 1–21.

Kulka, R. A.; Schlenger, W. E.; Fairbank, J. A.; Hough, R. L.; Jordan, B. K.; Marmar, C. R. (1990): Trauma and the Vietnam War Generation. New York.

Lichtenberg, J. D. (1983): Psychoanalysis and Infant Research. Hillsdale, N. J.

Lichtenberg, J. D.; Lachmann, F. M.; Fosshage, J. (1992): Self and Motivational Systems. Hillsdale, N. J.

Lisak, D. (1993): Men as victims: Challenging cultural myths. Journal of Traumatic Stress 6: 577–580.

Luborsky, L.; Barber, J.; Crits-Christoph, P. (1992): Testing psychoanalytic propositions about personality change in psychotherapy. In: Barron, J. W.; Eagle, M. N.; Wolitzky, D. L. (Hg.), Interface of Psychoanalysis and Psychology. Washington, D. C.

Moore, B. E.; Fine, B. D. (Hg.) (1990): Psychoanalytic Terms and Concepts. New Haven/London.

Rost, W. D. (1992): Psychoanalyse des Alkoholismus. Stuttgart.

Rudolf, G. (1991): Die Beziehung zwischen Psychotherapieforschung und psychotherapeutischer Praxis. In: Buchheim, P.; Cierpka, M.; Seifert, T. (Hg.), Psychotherapie im Wandel/Abhängigkeit. Lindauer Texte zur psychotherapeutischen Fort- und Weiterbildung. Berlin, S. 113–129.

Sachsse, U. (1987): Selbstbeschädigung als Selbstfürsorge. Forum Psychoanal. 3: 51–70.

Sachsse, U. (1994): Selbstverletzendes Verhalten. Göttingen.

Sampson, H. (1992): A new psychoanalytic theory and its testing in research. In: Barron, J. W.; Eagle, M. N.; Wolitzky, D. L. (Hg.), Interface of Psychoanalysis and Psychology. Washington, D. C., S. 586–604.

Tress, W.; Hildebrand, G.; Junkert-Tress, B.; Hartkamp, N. (1994): Zum Verhältnis von Forschung und Praxis in der analytischen Psychotherapie. Z. Psychosom. Med. Psychoanal. 40, 341–352.

Zahn-Waxler, C.; Robinson, J.; Emde, R. N. (1992): The development of empathy in twins. Developmental psychology 28: 1038–1047.

Johannes Lindenmeyer

Ein verhaltenstherapeutischer Ansatz zur spezifischen Behandlung von Alkoholmißbrauch

Eine Vielzahl von Studien belegen übereinstimmend, daß es über die Gruppe der Alkoholabhängigen hinaus eine etwa doppelt so große Anzahl an Personen mit erheblichen Alkoholproblemen gibt, bei denen die Kriterien für eine Abhängigkeit (noch) nicht erfüllt sind. Zum Beispiel betreiben nach einer repräsentativen Befragung der erwachsenen Bevölkerung von Kraus und Bauernfeind (1998) etwa 2,4 Millionen Bundesbürger einen problematischen Alkoholkonsum. In einer Studie von John et al. (1996) bestand bei 10 Prozent aller Patienten in deutschen Arztpraxen ein eindeutiger Alkoholmißbrauch.

Auch wenn die Grenzen zwischen einem problematischem Alkoholkonsum und einer Alkoholabhängigkeit oft fließend und uneindeutig sind (Kruse et al. 2000), so unterscheidet sich das Trinkverhalten dieser Personen von dem klassischer Alkoholabhängiger in mehrerer Hinsicht:
– Täglicher Alkoholkonsum ist eher selten.
– Phasen übermäßigen Trinkens wechseln mit gemäßigtem Alkoholkonsum. Etwa die Hälfte des Alkoholkonsums geschieht in geringen Mengen.
– Es bestehen keine Anzeichen für eine körperliche Abhängigkeit.

Auch dieser Alkoholkonsum kann bei den Betroffenen und ihrem sozialen Umfeld zu einer Reihe von schwerwiegenden Problemen führen, die eine Behandlung dieser Klientel dringend in-

diziert erscheinen lassen. Diese Probleme können äußerst vielfältig sein. Man kann sie in zwei Gruppen einteilen:
- unmittelbare Folgen von Trunkenheit (z. B. Unfälle und Verletzungen, Führerscheinentzug, körperliche Auseinandersetzungen)
- Folgen von regelmäßigem Alkoholmißbrauch (z. B. körperliche Folgeschäden, Eheprobleme, finanzielle Engpässe, drohender Arbeitsplatzverlust)

Bereits 1980 forderte erstmals ein Expertenkomitee der Weltgesundheitsorganisation (WHO), über die Behandlung von Suchtkranken hinaus Interventionsmethoden zu entwickeln, um problematischen Alkoholkonsum zu identifizieren und zu behandeln, bevor es zu größeren Schwierigkeiten kommt. Seither wird international immer stärker eine Überwindung des engen Alkoholismusdenken im Gesundheitswesen hin zu der umfassenden Förderung des öffentlichen Gemeinwohls (public health) propagiert (Edwards 1997; Institute of Medicine 1990; Tucker et al. 1999). Danach sind spezifische Interventionen für jede Form von Alkoholkonsum zu entwickeln, der das öffentliche Gemeinwohl beeinträchtigt oder zu beeinträchtigen droht (vgl. Abb.1).

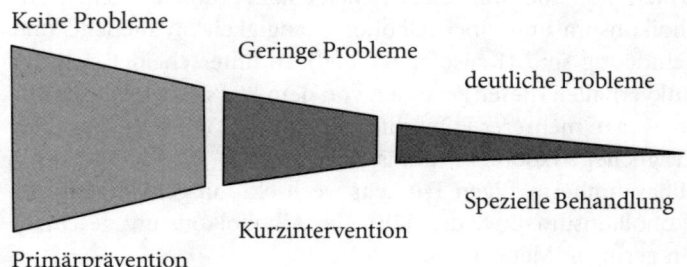

Abbildung 1: Alkoholbedingte Probleme und Möglichkeiten der Intervention

In Deutschland ist eine solche Sichtweise bislang noch wenig verbreitet. Das Versorgungssystem konzentriert sich hierzulande vielmehr einseitig auf die Behandlung von Alkoholabhängigen, während beispielsweise erst ein einziges Behandlungsangebot für Alkoholmißbrauch in größerem Umfang erprobt wurde (Schuhler u. Baumeister 1999). Allerdings könnte diesbezüglich möglicherweise in absehbarer Zeit einiges in Bewegung geraten. Ließen sich doch die reformierten Paragraphen 20 und 23 des Sozialgesetzbuchs (SGB V), wonach Krankenkassen verstärkt Leistungen zur Primärprävention und medizinischen Vorsorge zu erbringen haben, auf Alkoholmißbrauch anwenden, um einer Chronifizierung von Alkoholproblemen zu begegnen und dadurch umfangreiche Behandlungs- und Folgekosten zu vermeiden (Weissinger 2000).

Vor diesem Hintergrund soll ein verhaltenstherapeutischer Ansatz zur Behandlung von Alkoholmißbrauch beschrieben werden, der 1996 im Auftrag der Landesversicherungsanstalt Brandenburg entwickelt wurde (Lindenmeyer u. Kolling 1998) und seitdem in der psychosomatischen Abteilung der salus klinik Lindow praktiziert wird (vgl. Lindenmeyer 2001b).

Die Begrenztheit des klassischen Suchtparadigmas in der Behandlung von Alkoholmißbrauch

Der Behandlung von Suchtkranken liegt klassischerweise die Annahme zugrunde, daß eine Suchterkrankung unweigerlich fortschreitet, bis die körperlichen, psychischen und sozialen Auswirkungen den Betroffenen zwingen, etwas gegen seine Sucht zu unternehmen (Paradigma des progredienten Suchtverlaufs). Entsprechend haben die verschiedenen Interventionsansätze zur Motivierung von Alkoholabhängigen gemeinsam, daß sie den Betroffenen solange auf eine für ihn annehmbare Weise mit den Folgen seiner Sucht konfrontieren, bis ihm der vollständige Verzicht auf Alkohol als attraktivere Alternative erscheint (Abstinenzparadigma).

So effektiv sich dieser Behandlungsansatz für die Behandlung von Alkoholabhängigkeit erwiesen hat, so wenig ist er aus einer Reihe von Gründen für die Behandlung von Alkoholmißbrauch geeignet:

- Klassische Suchtbehandlung, insbesondere ihr Abstinenzparadigma, haben nur eine geringe Attraktivität für Alkoholmißbraucher. Zurecht weisen sie darauf hin, daß sie nicht „so weit" seien und es ihnen somit unangemessen vorkomme, vollkommen auf Alkohol verzichten zu müssen. Entsprechend ist bei Personen mit Alkoholproblemen, die noch nicht die Kriterien einer Abhängigkeit erfüllen, eine besonders geringe Inanspruchnahme des Suchthilfesystems zu beobachten (Rumpf et al. 2000).
- Die Folge hiervon ist, daß prognostisch günstige Zeitpunkte für eine Intervention bei Alkoholproblemen ungenützt verstreichen und die Betroffenen erst behandlungsbereit sind, wenn die Alkoholfolgen gravierend sind. Beispielsweise vergehen nach einer Studie des Fachverbands Sucht (1999) im Durchschnitt 11,8 Jahre von den ersten Alkoholproblemen eines Menschen bis zu einer stationären Alkoholbehandlung.
- Je gravierender die Folgeschäden sind, um so ungünstiger ist andererseits die Prognose für eine Behandlung, da das soziale Stützsystem und die Bewältigungskompetenzen der Betroffenen suchtbedingt beschädigt oder zerstört wurden (Tucker et al. 1999) (vgl. Abb. 2).
- Aus einem Alkoholmißbrauch entwickelt sich nicht immer eine Alkoholabhängigkeit. Periodische und situationsspezifische Verläufe sind ebenso wahrscheinlich, so daß die Betroffenen in diesem Fall nie den Weg in eine Suchtbehandlung finden, obwohl die Folgen ihres Alkoholkonsums gravierend sein können.

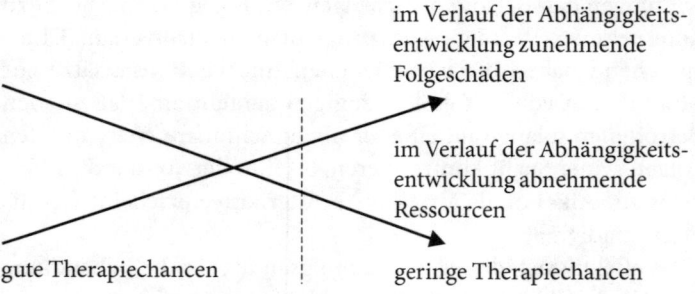

Abbildung 2: Der negative Zusammenhang zwischen Therapiechancen und Folgeschäden (Lindenmeyer 2001a)

Therapeutische Ausgangssituation bei Alkoholmißbrauch

Will man nicht-abhängigen Menschen mit einem problematischen Alkoholkonsum wirkungsvoll helfen, so sind spezifische Behandlungsansätze erforderlich. Diese müssen sich insbesondere an der spezifischen psychologischen Ausgangssituation der Betroffenen orientieren:
- Die Betroffenen sehen im Trinkverhalten keinen Unterschied zwischen sich und anderen Menschen.
- Bei den Betroffenen besteht eine besonders starke motivationale Ambivalenz: Einerseits haben sie viel zu verlieren, andererseits ist ihre Situation nicht so schlecht, daß größere Veränderungen/Opfer zwingend erscheinen.
- Im Unterschied zu Alkoholabhängigen ist das Trinkverhalten bei Alkoholmißbrauch weniger durch physiologische Mechanismen und automatische Reaktionsweisen bestimmt. Vielmehr sind (unrealistische) Wirkungserwartung und mangelnde Selbstwirksamkeitsüberzeugung in kritischen Trinksituationen vorrangig.

Therapierational einer stationären Kurzzeitbehandlung bei Alkoholmißbrauch

Das von uns in Anlehnung an das empirisch erprobte Vorgehen von Sobell und Sobell (1993) entwickelte Therapieangebot bei Alkoholmißbrauch enthält vier zentrale Therapieprinzipien (Lindenmeyer 2001b):

Trinkpause als Voraussetzung für kritische Selbstreflexion. Um eine kritische Auseinandersetzung mit dem eigenen Trinkverhalten zu erleichtern, werden die Patienten aufgefordert, für die Behandlungsdauer von einigen Wochen auf jeglichen Alkoholkonsum verzichten. Dies erhöht im Sinn der kognitiven Dissonanztheorie die Motivation für eine ernsthafte Therapie, außerdem können die Betroffenen hierdurch neue Erfahrungen machen. Zudem werden so Störungen der Behandlung durch pathologisches Trinkverhalten minimiert. Aufgrund von Referenzerfahrungen bei Fastenkuren oder Fitneßprogrammen wird eine Trinkpause für die Dauer der Behandlung von den meisten Betroffenen problemlos toleriert.

Stationäres Setting um aktuelles Trinkmuster zu durchbrechen und Selbstreflexion zu erleichtern. Das Gespräch über ihren Alkoholkonsum und insbesondere das offene Eingestehen des tatsächlichen Ausmaßes sind für Patienten mit Alkoholproblemen äußerst aversiv. Denn anderes als andere psychische Störungen werden Alkoholprobleme in unserer Gesellschaft nicht als Krankheitssymptom verstanden, das man „hat", sondern als selbstverschuldetes Fehlverhalten. Außerdem bedeutet eine Veränderung der eigenen Trinkgewohnheiten häufig eine Entfremdung vom sozialem Umfeld, das hierauf nicht unbedingt unterstützend und verständnisvoll reagieren wird. Eine vorübergehende räumliche Distanz von zu Hause und den häufigsten Trinksituationen im Rahmen einer stationären Behandlung sind daher besonders hilfreich, um über bisheriges Trinkverhalten nachzudenken und systematisch Veränderungen von alkoholbezogenen Einstellung und Verhaltensweisen zu erproben (John et al. 2000; Rumpf et al. 2000).

Kein Training von kontrolliertem Trinken, sondern Abgrenzung kritischer Trinkepisoden von normalem Trinken. Um nicht in Widerspruch zur Abstinenzorientierung klassischer Suchtbehandlung zu geraten und um den Betroffenen bei erfolglosen Veränderungsversuchen ihres Trinkverhaltens einen Übergang in eine Entwöhnungsbehandlung prinzipiell offenzuhalten, beinhaltet das Behandlungskonzept ausdrücklich kein Training von kontrolliertem Trinken. Statt dessen wurde das Konzept der Punkt-Abstinenz entwickelt. Das bedeutet:
- kein Alkohol am ungeeigneten Ort
- kein Alkohol zum ungeeigneten Zeitpunkt
- kein Alkohol in bestimmten Situationen

Für ein solches Vorgehen spricht auch, daß neueren Studien zufolge die Häufigkeit von Trinkexzessen den besten Prädiktor für Alkoholprobleme darstellt (Mäkelä u. Mustonen 2000) und sich Trinkexzesse im Vergleich zur Gesamtmenge des konsumierten

Alkohols als größeres Gesundheitsrisiko erwiesen haben (San José et al. 2000). Außerdem konnte die herausragende Bedeutung des Trinkorts für das Trinkverhalten einer Person festgestellt werden (Treno et al. 2000)

Der eigentliche Schwerpunkt der Behandlung von Alkoholmißbrauch liegt somit auf der individuellen Abgrenzung von kritischen Trinkepisoden von normalem Alkoholkonsum. Dies ist mitunter ein schwieriger und langer Prozeß, da die Selbstwahrnehmung der Patienten oftmals erheblich von der Fremdeinschätzung durch Außenstehende abweicht.

Motivationsänderung vor Fertigkeitstraining. Es ist ein wichtiges Merkmal von Alkoholmißbrauch, daß viele Betroffene im Gegensatz zu Alkoholabhängigen bei veränderter Motivation durchaus über das notwendige Verhaltensrepertoire verfügen, um auf Alkohol in kritischen Trinksituationen gänzlich zu verzichten. Entsprechend geht es in der Behandlung von Alkoholmißbrauch auch weniger um das Training von entsprechenden Fertigkeiten. Vielmehr ist die gesamte Behandlung unter motivationalen Gesichtspunkten optimieren

Therapiemaßnahmen

Es sollen nun einzelne Behandlungsbausteine der Therapie von Alkoholmißbrauch exemplarisch beschrieben werden.

Aktive Informationsaneignung

Gezielte Informationen über Alkohol und Alkoholmißbrauch können es den Betroffenen erleichtern, unter Wahrung ihres Selbstwertgefühls zu einer deutlich veränderten Einstellung gegenüber ihres bisherigen Trinkverhaltens wie auch ihrer künftigen Trinkziele zu gelangen (nach dem Motto: „Wenn ich das früher gewußt hätte"). Folgende Informationen sind in diesem Zusammenhang von Bedeutung:
- Aufnahme und Verarbeitung von Alkohol im Körper
- Unklarheit der Trinkregeln in unserer Gesellschaft
- körperliche und soziale Folgeschäden durch Alkohol

- Bedeutung von körperlicher Toleranzentwicklung
- Zwei-Phasen-Wirkung von Alkohol
- Rückfallphänomene

Entsprechende Informationsmaterialien für Patienten finden sich bei Lindenmeyer (2001a).

In einem nächsten Schritt sollten diese Einzelinformationen zu einem konsistenten und plausiblen Modell der Entstehung von pathologischen Trinknormen zusammengefaßt werden. Je nach konkretem Einzelfall sind hierbei auftretende Mechanismen besonders herauszuarbeiten:
- unrealistische Wirkungserwartung: In einer Reihe von Untersuchungen konnte gezeigt werden, daß unrealistisch, positive verzerrte Wirkungserwartungen an Alkohol (z. B. hinsichtlich sexueller Situationen) die Entwicklung eines problematischen Trinkstils begünstigen.
- alkoholbedingt beeinträchtigte Selbstwahrnehmung: Schon der Konsum relativ geringer Alkoholmengen beeinträchtigt die objektive Selbstwahrnehmung. Der Betroffene fühlt sich besser, während die tatsächliche Alkoholwirkung auf sein Interaktionsverhalten oft eher negativ ist.
- Toleranzentwicklung durch erhöhte Verarbeitungskapazität der Leber und Zwei-Phasen-Wirkung des Alkohols.
- Entwicklung von Verlangen nach Alkohol durch klassische Konditionierungsprozesse.

Entscheidend ist hierbei, daß der Patient entdeckt, daß verschiedene Situationsmerkmale (Ort, Zeit, anwesende Personen, Anblick und Geruch von Alkohol, inhaltliches Thema, Verhalten der Interaktionspartner) sowie internale Bedingungen (Stimmung, Gedanken, Wirkungserwartung, Durst, Toleranzentwicklung, Verlangen) als sogenannte Trigger additiv die Wahrscheinlichkeit für einen Trinkexzeß erhöhen (vgl. Abb. 3).

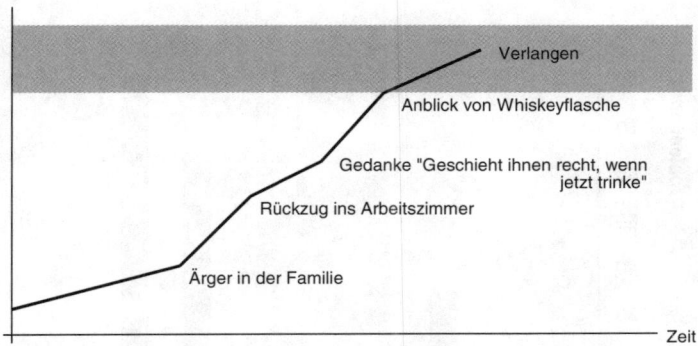

Abbildung 3: Wahrscheinlichkeit eines Trinkexzesses

Identifikation kritischer Trinksituationen

Hauptanliegen der Behandlung von Alkoholmißbrauch ist es, sich mit dem Patienten verbindlich auf eine Differenzierung von unproblematischem Alkoholkonsum in bestimmten Situationen und übermäßigemn Alkoholkonsum in kritischen Trinksituationen zu verständigen („Wo bin ich gefährdet und wo nicht?"). Hierzu sollte der Patient den situativen Kontext sowohl seines unproblematischen als auch seines problematischen Alkoholkonsums kennen und verstehen lernen. Er soll erkennen, was bei normalem Trinken anders ist als bei übermäßigem Alkoholkonsum und womit das zusammenhängt. Als Groborientierung können hierbei die Ergebnisse des IDTSA (Lindenmeyer u. Florin 1998) dienen. Hierdurch läßt sich ein Risikoprofil hinsichtlich von acht Situationsbereichen erstellen (vgl. Abb. 4).

Im nächsten Schritt werden die wichtigsten Situationen für einen Normalkonsum von Alkohol herausgearbeitet. Der Patient soll festlegen, ob überhaupt und wenn, in welchen Situationen er in den letzten zwölf Monaten niemals mehr als vier Trinkeinheiten getrunken hat und keine negativen Konsequenzen erlebt hat. Es sollen auch die (unmittelbaren und mittelfristigen) positiven Konsequenzen dargestellt werden. Solche moderaten Trinkereignisse treten zumeist in sozialen Situationen auf oder sind daran

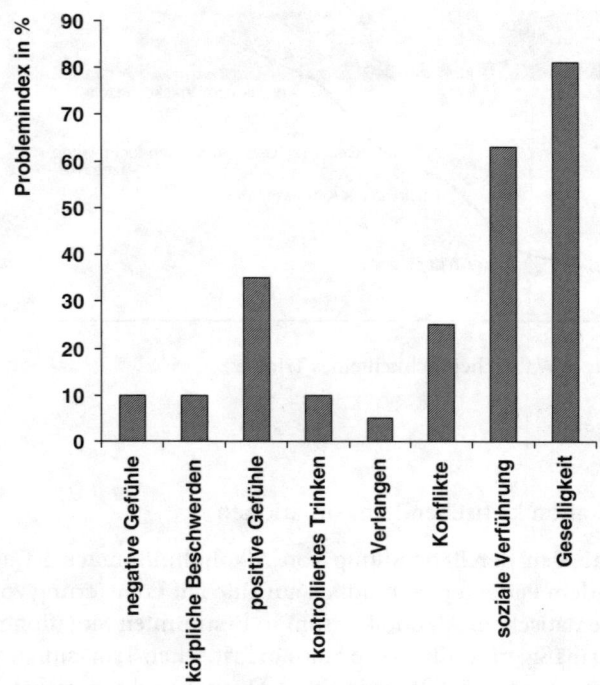

Abbildung 4: Beispiel eines individuellen Risikoprofils für Trinkexzesse

gekoppelt, daß ein exzessives Trinken sich allein aufgrund der in dieser Situationen erforderlichen Handlungsfähigkeit verbietet (z. B. bei Geschäftsbesprechungen). Der Therapeut sollte hierbei explizit Stellung zur Selbsteinschätzung des Patienten nehmen. Schließlich werden die unproblematischen Trinksituationen verbindlich auf einer Liste notiert. Dann werden auf dieselbe Art und Weise alle Situationen von problematischem Alkoholkonsum erfaßt.

Entscheidend ist bei all diesen Aufgaben, daß Patient und Therapeut eine genaue Vorstellung bekommen von den
– *relevanten Situationsmerkmalen* (Was macht die Situation zu einer Risikosituation, was würde die Situation noch schwerer machen, was würde die Situation erleichtern?)

– *Wirkungserwartungen* des Patienten (Wozu machen Sie ..., wie wollten Sie sich fühlen?)
– *tatsächlichen Konsequenzen* des Alkoholkonsums (Was ist tatsächlich passiert?)

Erst auf dieser Grundlage sollte sich dann der Patient entscheiden, in welchen Situationen er künftig auf jeglichen Alkoholkonsum verzichten möchte.

Exposition in vivo

Schwerpunkt von Expositionsübungen bei Alkoholmißbrauch ist es, die beabsichtigte Punkt-Abstinenz in verschiedenen Situationen tatsächlich zu erproben. Für die Behandlung ist hierbei weniger entscheidend, daß der Betroffene es schafft, auf Alkohol zu verzichten – dies wird er in der Regel ohne größere Schwierigkeit können –, entscheidend ist vielmehr, wie er diese Erfahrung bewertet und wie sich das auf seine künftige Abstinenzmotivation auswirkt. Entsprechend erfordern die Expositionsübungen eine genaue Vorbereitung, in der die Erwartungen und das konkrete Vorhaben des Patienten schriftlich niedergelegt werden. Nach den Expositionsübungen ist eine ausführliche Auswertung erforderlich, in der die tatsächlichen Erfahrungen und Erlebnisse mit den vorher geäußerten Erwartungen des Patienten verglichen werden. Durch kognitive Interventionen (vgl. Beck et al. 1995) müssen die Wahrnehmung und die Bewertung der Betroffenen systematisch überprüft und gegebenenfalls korrigiert werden.

Rückfallbewältigung

Es ist davon auszugehen, daß es den meisten Betroffenen nicht auf Anhieb gelingt, die individuell vereinbarte Punkt-Abstinenz für immer konsequent einzuhalten. Vielmehr ist es wahrscheinlich, daß die Betroffenen zwar seltener, aber doch wiederholt Trinkexzesse haben werden. Um in solchen Momenten nicht wieder vollkommen in ihr früheres Trinkverhalten zurückzufallen, ist es erforderlich, die Betroffenen systematisch mit Rückfallpräventionsstrategien vertraut zu machen. Grundlage ist hierbei das Zwei-Phasen-Modell des Rückfalls von Marlatt und Gordon (vgl. Lindenmeyer 2000). Danach fällt ein Betroffener nach einem einmaligen „Ausrutscher" oder „lapse" insbesondere dann wieder in sein früheres Problemverhalten zurück („relapse"), weil er hierauf typischerweise mit einem starken Absinken seiner Änderungszuversicht im Sinn eines „Rückfallschocks" reagiert. Angenommen wird hierbei eine kognitive (z. B. „Ich bin ein Versager") und eine emotionale (z. B. Panik) Komponente des Rückfallschocks.

Entsprechend kommt es bei einem erneuten Trinkexzeß darauf an, daß der Patient und – falls möglich – seine Angehörigen über einen einfachen und vor allem fest eingeprägten „Notfallplan" verfügen. Dieser sollte gemeinsam mit dem Patienten und den nächsten Bezugspersonen vereinbart werden und kann auf einer „Notfallkarte" (Lindenmeyer 2000) in der Größe einer Kreditkarte notiert werden, die die Beteiligten immer bei sich tragen. Im einzelnen sollte hierbei entschieden werden, wer als erstes über einen Rückfall informiert werden soll. Nicht immer sind hierfür der eigene Lebenspartner oder engste Bezugspersonen geeignet, weil sie unter Umständen den Rückfallschock des Betroffenen durch eigene Verzweiflung oder Vorwürfe ungewollt vergrößern. Bei der Festlegung der Reihenfolge der einzelnen Bestandteile eines Notfallplans ist insbesondere darauf zu achten, daß sich die Beteiligten bei einem Rückfall, ähnlich wie bei einem Verkehrsunfall, zunächst einer Ursachenforschung enthalten und statt dessen alle Aufmerksamkeit darauf richten, wie der Betroffene wieder nüchtern wird und das verlorengegangene (Selbst-)Vertrauen in die Änderungsfähigkeit des Betroffenen wie auch in die Wirksamkeit der Behandlung wiedergewonnen werden kann.

Einleitung von Selbstbeobachtung

Gemeinsam wird ein mindestens dreimonatiger Zeitraum vereinbart, innerhalb dessen der Patient täglich seinen Alkoholkonsum protokollieren wird. Er wird hierbei jeweils abends vor dem Schlafengehen etwa fünf Minuten diese Eintragungen machen:

- zu welcher Tageszeit welcher Alkohol konsumiert wurde,
- ob er an diesem Tag sein Therapieziel bezüglich Alkoholkonsum eingehalten hat oder nicht
- ob er andere im Kalender vermerkte Therapieziele erreicht hat oder nicht.

Hierdurch soll der Therapieprozeß über die stationäre Behandlung hinaus verlängert werden. Auf Grundlage des Selbstmanagement-Ansatzes (Kanfer et al. 1996) soll hierbei der Patient zum eigenen Therapeuten bei der systematischen Durchführung und Bewertung seiner Änderungsbemühungen werden.

Literatur

Beck, A. T.; Wright, F. D.; Newman, C. F.; Liese, B. S. (1995): Kognitive Therapie der Sucht. Weinhein.

Edwards, G. (1997): Alkoholkonsum und Gemeinwohl. Strategien zur Reduzierung des schädlichen Gebrauchs in der Bevölkerung. Stuttgart.

Fachverband Sucht e. V. (Hg.) (1999). Bachmeier, R., et al.: Basisdokumentation 1998 – Ausgewählte Daten zur Entwöhnungsbehandlung im Fachverband Sucht e.V., Bonn.

Institute of Medicine (1990): Broadening the Base of Treatment for Alcohol Problems. Washington.

John, U.; Hapke, U.; Rumpf, H. J.; Hill, A.; Dilling, H. (1996): Prävalenz und Sekundärprävention von Alkoholmißbrauch und -abhängigkeit in der medizinischen Versorgung. Baden-Baden.

John, U.; Hapke, U.; Rumpf, H. J. (2000): Frühintervention bei Alkoholabhängigkeit oder -mißbrauch. Sucht aktuell 1: 4–8.

Kanfer, F. H.; Reinecker, H.; Schmelzer, D. (1996): Selbstmanagement-Therapie. 2. Aufl. Berlin.

Kraus, L.; Bauernfeind, R. (1998): Repräsentativerhebung zum Gebrauch psychoaktiver Substanzen bei Erwachsenen in Deutschland 1997. Sucht 44: 3–82.

Kruse, G.; Körkel, J.; Schmalz, U. (2000): Alkoholabhängigkeit erkennen und behandeln. Bonn.

Lindenmeyer, J. (2000): Rückfallprävention. In: Margraf, J. (Hg.), Lehrbuch der Verhaltenstherapie. Band 1. 2. Aufl. Berlin.

Lindenmeyer, J. (2001a): Lieber schlau als blau. Informationen zur Entstehung und Behandlungs von Alkohol- und Medikamentenabhängigkeit. 6. Aufl. Weinheim.

Lindenmeyer, J. (2001b): Der springende Punkt. Stationäre Kurzintervention bei Alkoholmissbrauch. Lengerich.

Lindenmeyer, J.; Florin, I. (1998): Testgütekriterien einer deutschen Version des Inventory of Drug Taking Situations für Alkoholabhängige (IDTSA). Verhaltenstherapie 8: 26–37.

Lindenmeyer, J.; Kolling, R. (1998): Das Therapiekonzept der salus klinik Lindow. Lindow.

Mäkelä, K.; Mustonen, H. (2000): Relationships of drinking behaviour, gender and age with reported negativ and positive experiences related to drinking. Addiction 95: 727–737.

Rumpf, H. J.; Meyer, C.; Hapke, U.; Bischof, G.; John, U. (2000): Inanspruchnahme suchtspezifischer Hilfen von Alkoholabhängigen und -mißbrauchern. Sucht 46, 9–17.

San José, B.; van Oers, A. M.; Mheen, H. van den; Garretsen, H. F. L.; Mackenbach, J. P. (2000): Drinking patterns and health outcomes: occasional versus regular drinking. Addiction 93: 865–872.

Schuhler, P.; Baumeister, H. (1999): Kognitive Verhaltenstherapie bei Alkohol- und Medikamentenmißbrauch. Diagnostik, Behandlung, Frühintervention. Weinheim.

Sobell, M. B.; Sobell, L. (1993): Problem Drinkers. Guided Self-Change Treatment. New York

Treno, A. J.; Alanitz, M. L.; Gruenwald, P. J. (2000): The use of drinking places by gener, age and ethnic groups: An analysis of routine drinking acitivites. Addiction 95: 537–551.

Tucker, J. A.; Donovan, D. M.; Marlatt, G. A. (1999): Changing Addictive Behavior. Bridging Clinical and Public Health Strategies. New York.

Weissinger, V. (2000): Behandlung von abhängigkeitskranken Menschen: Spannungsfelder und aktuelle Entwicklungen. Sucht aktuell 1: 32–38.

Thomas Redecker

Verhaltensdrama

Eine Behandlungsstrategie bei Abhängigkeitserkrankten

Das Verhaltensdrama ist eine Behandlungsstrategie bei Abhängigkeitserkrankungen, die der Autor aufgrund seiner praktischen Therapieerfahrungen mit suchtkranken Menschen entwickelt hat. Es handelt sich dabei nicht um eine eigene Therapiemethode, sondern um die sinnvolle Kombination wie auch Integration anerkannter Psychotherapieverfahren bei Abhängigkeitserkrankungen. Das Verhaltensdrama hat sich aus der praktischen Erfahrung mit der Gruppentherapie abhängigkeitserkrankter Menschen entwickelt. Es kombiniert die Psychodramatherapie und die Verhaltenstherapie.

Die Zielsetzung ist, die suchtmittelspezifische Störung eines Menschen tiefenpsychologisch zu verstehen und verhaltenstherapeutisch zu überwinden.

Diese Behandlungsstrategie hat sich nach den Erfahrungen des Autors besonders bei suchtkranken Menschen bewährt, die gleichzeitig unter einer weiteren psychischen Erkrankung leiden (Komorbidität), wie beispielsweise einer Angststörung oder eine depressiven Erkrankung.

Zunächst sollen die beiden anerkannten Psychotherapieverfahren in Grundzügen dargestellt werden.

Tiefenpsychologisch fundierte Psychodramatherapie

Das Psychodrama wurde von Moreno als gruppentherapeutisches Verfahren entwickelt und hat seine Wurzeln beim Stegreiftheater. An spielenden Kindern hat Moreno wichtige Beobachtungen gemacht und daraus Erkenntnisse über Störungen in Familien gewonnen. Aus dieser Erfahrung heraus entwickelte er ein erlebnisorientiertes Psychotherapieverfahren. Er hat dem Wort die Handlung und dem Einzelnen die Gruppe gegenübergestellt.

Durch Ploegers (1980) tiefenpsychologischen Aspekte ist ein hypothesenzentriertes Vorgehen im gruppentherapeutischen Prozeß möglich geworden.

Das Grundprinzip der Psychodramatherapie läßt sich so beschreiben: Im psychodramatischen Prozeß wirkt eine partnerschaftliche Koproduktion von Protagonist (derjenige, der sein Problem vorstellt), Gruppenteilnehmern und dem Leiter (Therapeut). Die augenblicklichen Einfälle und Bedürfnisse des Protagonisten geben die Orientierung. Die Gruppenmitglieder übernehmen die Rollen der in der dargestellten Situation vorkommenden Personen, bei Bedarf auch die Personifizierung von Gegenständen oder von Introjekten. Der Leiter initiiert und lenkt die Darstellung spontan, ohne detaillierte Vorplanung, wobei er aufgrund seiner Erfahrung und Ausbildung in der Lage ist, hypothesen-zentriert psychodramatische Techniken einzusetzen. Diese zielen darauf ab, daß der Protagonist die verdrängten, teilweise unbewußten intrapsychischen Prozesse wahrnimmt und emotional erlebt. Für Moreno stand anfangs die Katharsis im Vordergrund der psychodramatischen Arbeit, indem der Protagonist die teilweise unbewußten Emotionen erneut durchlebt, mit der Erfahrung, daß nach der emotionalen Reinigung (Katharsis) eine (Selbst-)Heilung stattfinden kann. Durch die Hinzunahme tiefenpsychologischer Aspekte hat der Therapeut die Möglichkeit, diesen emotionalen Prozeß hypothesenzentriert zu steuern, um neben der emotionalen Katharsis die Einsicht zu vertiefen. Dies geschieht unter der Vorstellung, daß Einsicht zu einer effektiven Verhaltens- und Einstellungsänderung führen kann.

Für diesen beabsichtigten Therapieprozeß steht dem Gruppenleiter eine Reihe spezifischer psychodramatischer Techniken zur Verfügung. Die wichtigsten Techniken sind der Rollentausch und das Doppeln. Im therapeutischen Prozeß können die Techniken variiert oder spontan neue psychodramatische Techniken erfunden werden.

Der *Rollentausch* ist eine geeignete Methode, in Konflikt- oder Ambivalenzsituationen die Position des anderen kennenzulernen. Allein durch die räumliche Veränderung, etwa bei einem Rollentausch mit dem Vater, gelingt es, die andere Position zu erleben und besser zu verstehen. Der Rollentausch ist gerade bei Suchtkranken geeignet, die eigene Sichtweise der Welt konstruktiv-kritisch zu hinterfragen. Diese Erfahrung gibt Impulse, um aus der passiven Veränderungserwartung herauszukommen.

Bei der Methode des *Doppelns* sprechen andere Gruppenteilnehmer die Inhalte aus, die der Protagonist in der szenischen Arbeit noch nicht äußern kann. Meist handelt es sich hier um unbewußte oder emotional blockierte Inhalte.

So können zum Beispiel verdrängte Versorgungswünsche an frühere Beziehungspersonen ausgesprochen werden, die dann einer späteren szenischen Bearbeitung zugänglich gemacht werden können.

Dies sind nur zwei Beispiele für psychodramatische Interventionstechniken, die in der entsprechenden Fachliteratur (z. B. Ploeger 1980) nachgelesen werden können.

Psychodramatische Techniken können zur Diagnostik im Rahmen des Verhaltensdramas eingesetzt werden:
– Einstellung von Urszenen im Rahmen der biographischen Kehre
– Familienszenen im Rahmen der biographischen Kehre (z. B. sonntags beim Mittagessen)
– konstruierte Szenen
– Rollentausch
– Phantasieren über den Protagonisten
– Spaziergang in der Gruppe
– Familienskulpturen
– Museum der Einzigartigkeit
– ...

In diesem diagnostischen Prozeß kann die Entstehung der Abhängigkeitserkrankung vor dem Hintergrund der lebensgeschichtlichen Zusammenhänge deutlich gemacht werden. Während dieses Prozesses werden die emotionalen Traumatisierungen und Blockaden sichtbar, die durch die psychodramatische Arbeit verringert, aber nicht immer beseitigt werden können. Im

Rahmen dieser psychodramatischen Vorgehensweise erfährt der Patient viel über die emotionalen Hintergründe seiner Störung, vor allem über die *Ursehnsucht*, die ihn immer wieder antreibt und häufig intrapsychische Spannungen und ineffektive Verhaltensweisen erzeugt. Solche ungelösten emotionalen Blockaden führen oft zur erneuten Suchtmitteleinnahme (Rückfall) mit erheblichen negativen Konsequenzen. Der Patient kann durch die Reinszenierungen im Hier und Jetzt die aktuell vorhandenen Blockaden erkennen, die damit verbundenen alltäglichen emotionalen Streßsituationen erleben und diese vor dem Hintergrund seiner Lebensgeschichte verstehen.

Verhaltenstherapie

Die Verhaltenstherapie ist ein wissenschaftlich evaluiertes Therapieverfahren, das eine Vielzahl von Interventionsstrategien zur Verhaltensänderung umfaßt.

Diese Interventionsstrategien wirken auf der emotionalen, der kognitiven und der Verhaltensebene mit dem Ziel, dem Patienten aktive und effektive Problemlösungsstrategien zu vermitteln, die er eigenständig zur Überwindung seiner psychischen Störung anwenden kann. Eine wichtige Bedeutung haben dabei Selbstkontrolltechniken, durch die der betroffene Mensch zu seinem eigenen (Therapie-)Experten werden kann (Meermann 1991).

Bei der verhaltenstherapeutischen Betrachtungsweise sind die Denkmuster (sog. kognitive Oberpläne), wichtig, welche die Verhaltensweisen eines Menschen deutlich beeinflussen. So liegt ein depressiver kognitiver Oberplan „Ich schaffe es ja doch nicht" dem für einen depressiven Menschen typischen Vermeidungsverhalten in einer bestimmten Situation zugrunde.

Die unangemessene kognitive Erwartung, die Situation nicht zu bewältigen, führt auf der Verhaltensebene dazu, daß der betroffene Mensch eine erfolgreiche Verhaltensweise nicht anwendet. Der kognitive Oberplan „Ich bin für andere Menschen nicht attraktiv" wird auf einer Partysituation dazu führen, daß der betroffene Mensch Schwierigkeiten hat, andere Menschen anzusprechen, um mit ihnen ins Gespräch zu kommen. Häufig hält er sich dann „an seinem Glas" fest, um die für ihn sozial schwierige Situation zu bewältigen. Der Konsum von Alkohol kann dann dazu führen, daß er durch die anxiolytische Wirkung des Alkohols in die Lage versetzt wird, andere Menschen anzusprechen. Dieses zustandsabhängige Lernen führt jedoch dazu, daß er in Zukunft diese für ihn schwierige Situation nur durch Alkoholkonsum und dessen angstmindernde Wirkung angehen kann und er gelernt hat: „Ich kann diese Situation nur bewältigen, wenn ich Alkohol konsumiert habe." Über diesen Mechanismus entstehen häufig Doppeldiagnosen, beispielsweise eine Abhängigkeitserkrankung bei gleichzeitig behandlungsbedürftiger sozialer Phobie (Redecker 2001).

Eine Verhaltensänderung kann dadurch erreicht werden, daß therapeutisch eine Dissonanz erzeugt wird zwischen den kognitiven Oberplänen und der Verhaltensebene. Durch verhaltenstherapeutische Interventionsstrategien auf der Verhaltensebene kann der Patient lernen, soziale Situationen erfolgreich und zufriedenstellend zu bewältigen. Wenn er diese Erfahrung intern erfolgreich attribuiert, entsteht eine Dissonanz zu seinen zuvor bestehenden negativen Oberplänen. Diese Dissonanz kann dazu genutzt werden, die negativen kognitiven Muster durch einen Umbewertungsprozeß zu korrigieren. Das erhöht die Wahrscheinlichkeit, daß das gewünschte und erfolgreiche Verhalten erneut auftritt, so daß die Störung dann verhaltenstherapeutisch überwunden wird.

Verhaltenstherapeutische Strategien werden im Verhaltensdrama eingesetzt, um effektive alternative Verhaltensweisen zu entwickeln:
– Rollenspiel zur Äußerung aktueller Wünsche und Bedürfnisse
– Rollenspiel zur Verbesserung der sozialen Kompetenz
– verbale positive Verstärkung
– Modell-Lernen
– Selbstkontrolltechnik
– Benennung kognitiver Oberpläne
– kognitive Umstrukturierung
– Attributionsveränderung
– Stabilisierung einer aktiven Kontrollveränderungserwartung
– ...

Über positive und negative Verstärkung werden neu gelernte Verhaltensweisen aufrechterhalten. Die Verstärkung erfolgt zunächst im übenden Rollenspiel und anschließend in realen Expositionsübungen.

Der durch diese neue Verhaltensweisen erlebte Erfolg (positive oder auch negative Verstärkung) erhöht die Wahrscheinlichkeit, daß in vergleichbaren Situationen das effektive Problemlösungsverhalten eingesetzt wird.

Verhaltensdrama

Es sollen nun die Vorteile der Kombination von Psychodramatherapie und Verhaltenstherapie dargestellt werden.

Die Stärke der psychodramatischen Techniken liegt in der Einwirkung auf die emotionale Ebene des Menschen. Insbesondere ist es geeignet, durch die biographische Arbeit diagnostische Erkenntnisse zu erhalten, während die Verhaltenstherapie durch die zuvor beschriebenen Prozesse primär auf die kognitive Ebene und Verhaltensebene Einfluß nehmen kann (s. Abb. 1). Ein weiterer Vorteil ist, daß beide Therapieverfahren handlungsorientiert sind.

Emotionale Ebene
Diagnostik
der Entstehung

Kognitive Ebene
Entwicklung
alternativer
Verhaltensweisen

(PD = Psychodrama
VT = Verhaltenstherapie)

Abbildung 1

Durch die psychodramatischen Techniken erhält der Therapeut Einblick in die Entstehung der Störung. Vor dem Hintergrund der Lebensgeschichte des Patienten wird sie verstehbar und nachvollziehbar. Der Patient erlangt durch Interaktion mit dem Therapeuten Einsicht in das Entstehen seines Verhaltens und die damit verbundene innere Not oder Ursehnsucht.

Dabei wird im psychodramatischen Prozeß eher eine „diffuse" Diagnostik der emotionalen Ursituation und der Ursehnsucht des Menschen erreicht (Abb. 2). Solche grundlegenden emotio-

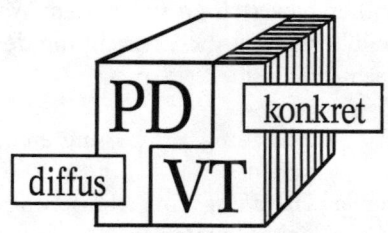

Diagnostik der
Ur-Situation
Ur-Sehnsucht

Modell-Lernen
Expositionsübung
Rollenspiel
Physiologisches Angstmodell
Funktionalität

(PD= Psychodrama
VT = Verhaltenstherapie)

Abbildung 2

nalen Prozesse beschreiben Riemann (1961) oder König (1992) in ihren lesenswerten Veröffentlichungen. Diese emotionalen diffusen Prozesse, die häufig viele Jahre oder Jahrzehnte zurückliegen, werden im Psychodrama deutlich und bewußt gemacht, so daß sie der weiteren Behandlung zugänglich werden.

Nach meinen Erfahrungen ist es nicht ausreichend, lang zurückliegende Prozesse, die häufig traumatisierend gewesen sind, zu *verstehen*. Gerade bei suchtkranken Patienten kann man nicht davon ausgehen, daß dieser Verständnisprozeß mit einer effektiven Verhaltensänderung verbunden ist. Die hohe passive Veränderungserwartung bei gleichzeitigem Versorgungswunsch verhindert die Umsetzung in aktive Verhaltensstrategien.

Jahrelange Beobachtung bestätigt leider, daß die in Abschlußgesprächen nach stationärer Entwöhnungsbehandlung geäußerten Ziele meist Absichtserklärungen bleiben wie gute Vorsätze zum neuen Jahr. Um die erwünschten verbal geäußerten Verhaltensänderungen tatsächlich zu erreichen, ist es in einem nächsten Schritt erforderlich, diese durch verhaltenstherapeutische Strategien in erfolgreiche Handlungen umzusetzen. Das vermittelt Erfolg und wirkt sich stabilisierend auf die Problemlösungsfähigkeit und die Abstinenz bei suchtkranken Menschen aus.

Beide Psychotherapieverfahren stellen dem Wort die Tat, die Handlung gegenüber, wobei die Zielrichtung der Handlungen zunächst unterschiedlich ist.

Psychodrama: Handlung zur Lösung emotionaler Blockaden
Verhaltenstherapie: Handlung zur Verbesserung effektiver Verhaltensstrategien

Dazu ein Beispiel. Ein alkoholabhängiger Patient mit sozialen Ängsten berichtet im Therapieverlauf immer wieder über Situationen, daß er im Alltagsleben „zu kurz komme" und nicht in der Lage sei, seine eigenen Bedürfnisse zu äußern. Er berichtet eine Vielzahl von Situationen im Hier und Jetzt, die dafür beispielhaft sind. Der Suchtmittelkonsum ist eine Möglichkeit, stellvertretend Bedürfnisse zu äußern und zu erfüllen. Außerdem werden durch die anxiolytische Wirkung des Alkohols die sozialen Ängste reduziert.

In einer konstruierten Szene wird psychodramatisch eine Situation in einem Flugzeug eingestellt, in der der Protagonist Versorgungswünsche gegenüber der Stewardeß äußern soll, die von ihr ignoriert werden. Es kommt zu einer affektiven Erregung mit Ambivalenzgefühlen zwischen Wut und Trauer. Durch Doppeln wird dieser Prozeß vertieft, und es gelingt die Ursprungssituation in der Herkunftsfamilie zu erinnern und einzustellen. In dieser Szene wird die Erfahrung des Unerwünschtseins deutlich. Die Erfüllung der Versorgungswünsche wird zum Beweis für das Erwünschtsein, das die Ursehnsucht dieses Menschen ist. In der Gesprächsphase nach der szenischen Arbeit wird diese Ursehnsucht herausgearbeitet (Einsicht), und deren Auswirkungen auf den Alltag werden besprochen.

Im Anschluß daran werden verhaltenstherapeutische Selbstsicherheitsübungen im Rollenspiel in der Gruppe durchgeführt, zum Beispiel das Zurückgeben eines mangelhaften Essens. Die erfolgreiche Bewältigung dieser Situation wird dem Protagonisten rückgemeldet als eine positive Verstärkung. Weitere Übungen in der realen Lebenssituation (Exposition) werden in der Gruppe vorbesprochen, anschließend durchgeführt und in der Gruppe ausgewertet. Der Protagonist erlebt daraufhin eine Zunahme der eigenen Bewältigungskompetenz und wirkt zudem als positives Modell für andere Mitpatienten (Redecker 2001).

Das geschilderte Beispiel macht die Kombination von psychodramatischen und verhaltenstherapeutischen Techniken deutlich. Aus Zeitgründen gelingt es häufig nicht, daß in einer Therapiesitzung die verschiedenen Therapieschritte durchgeführt werden, sondern diese Arbeit erstreckt sich über einen Zeitraum von mehreren Gruppentherapiesitzungen, wobei eine Unterbrechung durch die Arbeit anderer Protagonisten kein Problem darstellt.

In der praktischen gruppentherapeutischen Arbeit ist die Trennung zwischen psychodramatischen und verhaltenstherapeutischen Techniken künstlich. Häufig ist es jedoch sinnvoll, erst psychodramatische Techniken zum Verständnis der Ursehnsucht einzusetzen, um diese dem Patienten transparent und bewußt zu machen.

In einem anschließenden Schritt wird durch verhaltenstherapeutische Techniken das neue, gewünschte Verhalten erlernt und durch Übung verbessert. Somit ist die Reihenfolge des Einsatzes theoretisch vorgegeben, wobei Abweichungen durch die aktuelle Situation und Bedürfnislage des Patienten erforderlich sein können.

Durch die Kombination eines erlebnisorientierten Therapieverfahrens mit einem zielgerichteten Verfahren kann eine therapeutische Hilfestellung gegeben werden, die dazu führt, daß nach erfolgreichem Abschluß des therapeutischen Prozesses der Patient Einsicht in seine psychische Störung hat und gleichzeitig auch über effektive Veränderungsstrategien verfügt, die als Ressourcen zur konstruktiven Lebensbewältigung eingesetzt werden können. Die hier vorgestellte Behandlungsstrategie Verhaltensdrama ist dazu ein praktikabler Ansatz, der sich bei suchtkranken Menschen mit komorbiden Störungen bewährt hat.

Das Ziel ist es, die Störung tiefenpsychologisch-psychodramatisch zu verstehen und verhaltenstherapeutisch zu überwinden.

Literatur

König, K. (1992): Kleine psychoanalytische Charakterkunde. Göttingen.
Meermann, R. (1991): Verhaltenstherapeutische Psychosomatik in Klinik und Praxis. Stuttgart.
Ploeger, A. (1980): Tiefenpsychologisch fundierte Psychodramatherapie. Stuttgart.
Redecker, T. (2001): Sucht und Angst. Kassel.
Reinecker, H. (1994): Grundlagen der Verhaltenstherapie. Weinheim.
Riemann, F. (1961): Grundformen der Angst. München, 1989.

Heinz C. Vollmer

Zurück in die Zukunft

Versuch einer wissenschaftstheoretischen
Argumentation

„Wenn Gott in seiner Rechten alle Wahrheit und in seiner Linken den einzigen immer regen Trieb nach Wahrheit, obschon mit dem Zusatze, mich immer und ewig zu irren, verschlossen hielte, und spräche zu mir: ‚Wähle!' ich fiele ihm mit Demut in seine Linke und sagte: ‚Vater, gib! Die reine Wahrheit ist ja doch nur für dich allein!'" (Lessing 1777, S. 91).

„Ariston definiert die Rhetorik sehr klug als *Wissenschaft zur Überredung des Volkes*, Sokrates und Platon sehen sie als *Kunst der Täuschung und Schmeichelei*; und jene, die das in der allgemeinen Begriffsbestimmung leugnen, bestätigen es ständig durch ihre Vorschriften. Bei den Mohammedanern ist es verboten, die Kinder in der Rhetorik zu unterweisen, weil man sie für unnütz hält" (de Montaigne 1580, 1. Buch, 51).

„Menschen, die mit derselben Sprache aufwachsen, sind wie Büsche, die man so zurechtstuzt und formt, daß sie alle die gleiche Gestalt eines Elefanten annehmen. Wie sich die anatomischen Einzelheiten der Zweige und Äste zur Elefantenform fügen, ist von Busch zu Busch jeweils verschieden, aber das äußere Ergebnis ist bei allen in etwa das gleiche" (Quine 1960, § 2).

„Die Umgangssprache ist ein Teil des menschlichen Organismus und nicht weniger kompliziert als dieser.
   Die Sprache verkleidet den Gedanken. Und zwar so, daß man nach der äußeren Form des Kleides nicht auf die Form des beklei-

deten Gedankens schließen kann; weil die äußere Form des Kleides nach ganz anderen Zwecken gebildet ist als danach, die Form des Körpers erkennen zu lassen" (Wittgenstein 1918, 4.002).

„Die Philosophie ist ein Kampf gegen die Verhexung unseres Verstandes durch die Mittel unserer Sprache" (Wittgenstein 1945, 109).

Eine symbolische Sprache als Hilfsmittel einer Wissenschaft „sieht hinweg über die außerordentlich zahlreichen *rhetorischen Varianten* eines und desselben sprachlichen Gebildes und reduziert diese auf einen gemeinsamen logischen Kern. .... Diese [Symbolsprache] ist allerdings unbequem für alle jene, die das Wesen der Philosophie [und Psychologie; Anmerk. des Autors] im Dunkeln und Funkeln erblicken und nicht im Streben nach Klarheit und im Bemühen um die Gewinnung überprüfbarer und intersubjektiv mitteilbarer Forschungsresultate" (Stegmüller 1969, S. 42f.).

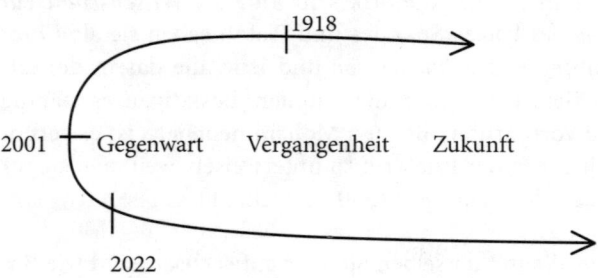

Abbildung 1: Zurück in die Zukunft

Mit diesen Zitaten sind bereits die Inhalte dieses Artikels vollständig erfaßt. Es gibt keine neuen Ideen in den folgenden erläuternden Anmerkungen, sondern nur eine Rückbesinnung auf alte faszinierende Gedanken.

Einführung

Die Mehrzahl der etwa 6500 Sprachen der Welt sind vom Aussterben bedroht (MPI for Psycholinguistics 2001). Darunter befinden sich Indianersprachen mit fast wissenschaftlicher Präzision. Bereits durch grammatikalische Regeln ist in gesprochenen Sätzen erkennbar, ob man etwas selbst gesehen oder gehört hat oder ob man nur etwas annimmt. Die Wechselwirkungen zwischen sprachlichen Strukturen und Wahrnehmungs- und Denkprozessen führen zu einer so farbigen, vielfältigen Welt, die durch die Beschränkung auf einige sehr wenige Weltsprachen nicht mehr erkennbar wäre. Eine weitere Bereicherung menschlichen Denkens geschieht durch die Sprachen der Poesie, des Essays, des Feuilletons[1], der Wissenschaft (z. B. Soziologie, Psychologie), des Comics, des Films, des Tanzes[2], die jeweils ihre eigenen Strukturen haben. In ihrer Reinheit sind oder wären sie von jeglicher propagandistischer Gestalt und von intoleranten Aspekten befreit. Meine Zukunftsvision beinhaltet neben der Toleranz für fremde Sprachen und Kulturen eine Konzentration auf die Reinheit und Schönheit der Sprachen beziehungsweise das Streben danach, soweit es die eigenen persönlichen Fähigkeiten und Fertigkeiten erlauben. Dadurch wird sie vor der Aneignung manipulierender Merkmale geschützt und ihre erkenntnisfördernde Kraft gestützt.[3]

---

[1] Beispiel für ein Feuilleton ist mein Beitrag in diesem Band „Krankheitsmodelle und ihre Folgen oder warum ich den französischen Film liebe". Auch Feuilletons sind trotz ihres spekulativen Sprachstils verpflichtet, Wahrheit anzustreben, selbst wenn es sich um „eleganten Unsinn" (Sokal u. Bricemont 1998) handelt.

[2] Zum Beispiel versucht Jan Fabre (2001) durch seine Tanzperformance aufzurütteln, indem er auf heutiges mittelalterliches Denken und Handeln aufmerksam macht. Oder die Drehbücher der Marx Brothers (1931, 1933, 1937) und deren Filme zeigen eindrucksvoll, wie wir Opfer der Wörter unserer Sprache sind (Cavell 1994).

[3] An meiner Vision ist mir insofern gelegen, da nach meinem Eindruck der Mißbrauch der Sprache (z. B. in Politik, Fernsehen, Wissenschaft, Sport, Werbung etc.) durch teils verdeckte intolerante und antisoziale Elemente so selbstverständlich geworden ist, daß Wechselwirkungen

Auf meinen Beruf als wissenschaftlich orientierter Praktiker bezogen beinhaltet meine Zukunftsvision die Reflexion des therapeutischen und des wissenschaftlichen Handelns zur Heilung oder Linderung psychischer Störungen unter Einbeziehung wissenschaftstheoretischer Erkenntnisse. Therapeutisches und wissenschaftliches Handeln setze ich hier gleich, da es sowohl in der Therapie als auch in der Wissenschaft um Erkenntnisgewinn geht. Ich werde in meinen Ausführungen zeigen, daß bereits eine Auseinandersetzung mit einfachen wissenschaftstheoretischen Überlegungen Einfluß auf Strategien zur Verbesserung von Therapien haben kann und einige gängige Forschungsstrategien als unsinnig erscheinen läßt. Dazu gehe ich zurück in die Vergangenheit als Vision für die Zukunft. Zwar nicht in die Antike, was in einigen Aspekten wünschenswert wäre, sondern nur zurück in die erste Hälfte des letzten Jahrhunderts (z. B. Carnap 1928; Lewin 1940; Skinner 1948; Szasz 1960; Schulte 1974), wodurch ich gleichzeitig eine Vorwärtsbewegung machen werde und in die Zukunft schauen möchte.

Verhexung durch Sprache

„Wie erfolgreich ist eine Therapie?", „Wem kann durch welche Therapie oder therapeutische Intervention geholfen werden?", „Biete ich als Therapeut eine Behandlung an, die meinem Patienten auch wirklich hilft?", „Für welche Therapie soll ich mich als Patient entscheiden?", „Wie können Therapien erfolgreich und gleichzeitig kostengünstig gestaltet werden?". Das sind zentrale und sehr berechtigte Fragen von Patienten, von deren Angehörigen, von Therapeuten und von Leistungsträgern, die wir momentan nicht beantworten können. Und wir unternehmen derzeit alles, damit wir diese Fragen auch in Zukunft nicht beantworten. Wir drehen uns mit unseren „therapeutischen Fortschritten" im Kreis und verdecken diese Stagnation durch unsere Sprache. Die Medien feiern jedes Jahr wenigstens einmal eine neue bahnbre-

---

zu gesellschaftlichen Bedingungen und negative Einflüsse auf Kinder, Jugendliche und Erwachsene nicht mehr erkannt werden.

chende therapeutischen Intervention zur Behandlung Abhängiger oder auch anderer psychischer Störungen, nach den Prinzipien, wie sie in der „Ökonomie der Aufmerksamkeit" Frank (1998) beschrieben sind. Die Fachleute liefern das dazu notwendige Material und funktionieren dabei nach den gleichen Prinzipien. Sie bedienen sich dabei einer angeblich objektiven wissenschaftlichen Sprache. Wie inhaltsleer in Wirklichkeit diese Sprache ist, zeigen folgende Beispiele. In einer hoch angesehenen Fachzeitschrift mit renommierten Gutachtern für die Prüfung der eingereichten Manuskripte, heißt es in einem inzwischen häufig zitierten Artikel:

„Die Überprüfung der differentiellen (komparativen) Therapieeffekte hat einen deutlichen, allerdings statistisch nicht signifikanten Trend für die Überlegenheit von verhaltenstheoretisch orientierter Breitbandtherapie gegenüber eklektischer Standardtherapie erbracht bei einer geringfügig kürzeren Therapiedauer" (Süß 1995). Dieser Satz ist typisch für viele Veröffentlichungen im angloamerikanischen und deutschsprachigen Raum. Die Unsinnigkeit des Satzes hatte ich beim ersten Lesen nicht „bemerkt". Verhaltenstherapie ist erfolgreicher und geringfügig kürzer als eklektische Therapie – war für mich die oberflächliche Botschaft des Artikels. „Deutlicher Trend – statistisch nicht signifikant – Überlegenheit" sind widersprüchliche Aussagen, Alltagssprache und Forschungssprache werden miteinander vermischt, und die Bewertung entspricht eher dem Wunschdenken des Autors und der Gutachter der Zeitschrift als dem untersuchten Gegenstand. Ebenso verhält es sich mit der „geringfügig kürzeren Therapiedauer". Wenn wir alle geringfügigen Unterschiede veröffentlichen und diskutieren, dann würde sich die Therapieforschung noch mehr im Kreis drehen, als es derzeit der Fall ist. In der Fachzeitschrift „Social Text" wurde 1996 ein Artikel des Physikers Alan Sokal über aktuelle Probleme der Mathematik und Physik veröffentlicht, da er „sich gut las" und „den ideologischen Vorurteilen der Herausgeber schmeichelte" (Sokal 1996). Die Herausgeber der Zeitschrift hatten nicht gemerkt, daß es sich um einen unsinnigen Artikel gehandelt hatte.

Vergleicht man einige Studien bezüglich ihrer Selbstbewertung, so zeigt sich, daß Ergebnisse, die vor einigen Jahrzehnten noch als „Hinweis für die potentielle Wirksamkeit einer Therapie" verstanden wurden, heutzutage als „nachgewiesene hohe Wirksamkeit" interpretiert werden. Es würde sich lohnen, dieser unsystematischen persönlichen Beobachtung von mir in einer Diplomarbeit nachzugehen. Die Ursachen für diese bewußten und unbewußten Euphemismen, unzulässigen Verallgemeinerungen und Verfälschungen – wobei ich bei dieser Kritik meine eigenen Veröffentlichungen nicht ausklammere – lassen sich durch psychologische und soziologische Theorien erklären. Auf diese für die Behebung solcher Probleme wichtigen Fachbereiche (Psychologie und Soziologie) werde ich hier nicht eingehen, sondern eine Lösung aus wissenschaftstheoretischer Sicht vorschlagen. Ich beschränke mich vorwiegend in meinen Beispielen auf die klinische Psychologie, insbesondere auf die Verhaltenstherapie, mit der ich mich als einer ihrer Vertreter aus wissenschaftstheoretischer Sicht kritisch auseinandersetze. Den gesellschaftlichen Erfolg von Wissenschaft als Funktion von Aufmerksamkeit und Reputation, unverzichtbar für das Verständnis von Wissenschaft (Frank 1997), werde ich soweit wie möglich ausklammern.

Krankheitsmodelle

Mit welchen Sachverhalten wir uns beschäftigen, hängt von unserer Sprache und unserem Denken ab. *Wie wir etwas bezeichnen, klassifizieren und miteinander verknüpfen* ist nicht durch eine denk- und sprachunabhängige Wirklichkeit vorgegeben, sondern wird von uns durch hypothetische Annahmen, Beobachtungen und Konventionen festgelegt (Stegmüller 1969). Physiker beschäftigen sich häufig mit quantitativ meßbaren Aspekten (z. B. m/sec) der Wirklichkeit, Psychologen mit qualitativen Aspekten (z. B. manisch-depressiv). Der Unterschied zwischen Quantitativem und Qualitativem ist nicht ein Unterschied, der durch die physikalische beziehungsweise psychologische Welt vorgegeben ist, sondern dadurch, wie wir diese Welt beschreiben. Aus wissenschaftlicher Sicht sollten Begriffe und Begriffssysteme so erstellt werden, daß sie einfach und brauchbar sind. Begriffssysteme sollten so gestaltet sein, daß sie uns ermöglichen, die Welt besser zu verstehen. Bezogen auf Therapien sollten sie uns in die Lage versetzen, Prognosen zu erstellen, mit welchen Interventionen unseren Patienten geholfen werden kann. Aus wissenschaftstheoretischer Sicht sind wir weit von solchen Begriffssystemen entfernt, boshaft könnte man sogar sagen, wir verhalten uns fast entgegengesetzt. Meine Vision ist die Schaffung von Begriffssystemen, die einfacher und fruchtbarer sind als die bisher verwendeten. Ich werde meine Zukunftsvision an einigen wenigen verhaltenstherapeutischen Beispielen verdeutlichen. Daher zurück zu den damaligen Grundannahmen der Verhaltenstherapie, den heutigen Illusionen. Der Beginn der Verhaltenstherapie lag in der Abgrenzung zum „medizinischen Modell", einem Modell, dem die Verhaltenstherapie inzwischen bedenkenlos nacheifert. Anstatt des Begriffs „medizinisches Modell" werde ich den Begriff „deterministisches Krankheitsmodell" verwenden. Es handelt sich dabei um das Wunschmodell vieler Biologen, Mediziner, Politiker und natürlich auch insgeheim der Psychologen. Unter Verwendung einer Symbolsprache läßt sich dieses Modell für den Bereich Therapie so darstellen:

(1) $\forall x \, (Dx \wedge Bx \rightarrow Ex)$
  $Da \wedge Ba$
  _____
  Ea

In Worten bedeutet dies: „Für alle ($\forall$) Personen (x), die eine bestimmte psychische Störung haben (D) und die außerdem ($\wedge$) eine Therapie gemacht haben (B), gilt, daß sie nach Abschluß der Therapie das Therapieziel (E) erreicht haben." Wenn dieser Gesetzesaussage der Satz hinzugefügt wird „die Person a hat eine bestimmte psychische Störung (Da) und außerdem eine Therapie gemacht (Ba)", dann kann die Schlußfolgerung gezogen werden (verdeutlicht durch obigen Querstrich), daß a das Therapieziel erreicht hat (Ea). Für D könnte zum Beispiel „Alkoholabhängigkeit" eingesetzt werden, für B die „stationäre Therapie der Klinik Jellinek" oder auch nur die Intervention „Rückfallprävention" oder eine Kombination von Interventionen, und für E könnte das Ziel „Abstinenz" oder „in regulärer Arbeit" oder ein anderes Ziel oder eine Kombination von Zielen eingesetzt werden. Bei Zutreffen der obigen Gesetzesaussage könnten wir den Patienten mit dem Merkmal D sagen, daß für sie die Therapie erfolgreich sein wird. Das ist leider nur bei einigen wenigen organischen Erkrankungen und medizinischen Behandlungen möglich. Bei der Behandlung psychischer Störungen dürfte es wohl kaum einen Arzt oder Psychologen geben, der die obige Gesetzesaussage für wirklich zutreffend hält, auch wenn er in seinem Unterbewußtsein an eine deterministische Kausalität glaubt und des öfteren dementsprechend Entscheidungen trifft und handelt. Er wird wahrscheinlich sagen, „50 Prozent aller in meiner Klinik aufgenommenen Patienten haben ein Jahr nach Abschluß der Therapie das angestrebte Therapieziel erreicht". Er geht also nicht von einer deterministischen Kausalität aus, sondern von einer statistischen. In Symbolsprache ausgedrückt:

(2) $p(E, D \wedge B) = r$

Wenn man für E „Abstinenz nach einem Jahr" einsetzt, für D „Alkoholabhängigkeit nach DSM-IV", für B „Therapie der Klinik Jellinek" und für $r = .5$, dann heißt das in Worten: „Ein Jahr nach Abschluß der Behandlung leben 50 Prozent der Alkoholabhängigen, die in der Klinik Jellinek behandelt worden sind, abstinent." Es kann aber nicht gesagt werden: „50 Prozent der Alkoholabhängigen leben abstinent, weil sie an der Therapie teilgenommen haben." Um zu einer *kausalen* Aussage zu kommen, müßte man wissen, wie viele Alkoholabhängige ohne die Therapie abstinent leben.

Wenn

(3) $p(E, D_1 \wedge B) = r_1$
         $p(E, D_2 \wedge \neg B) = r_2$
         $r_1 > r_2$
         $D_1 = D_2$

         ─────────────────────────────
         $p((D_1 \wedge B) \rightarrow E) = r_e;\ r_2 < r_e \leq r_1$

dann kann vermutet werden, daß die Therapie der Klinik Jellinek Einfluß auf das Ergebnis hatte und daß dieser Einfluß zwischen den Werten r_1 und r_2 liegt. Es wird nicht mehr als eine Vermutung bleiben. Ob kausaler Einfluß oder nicht ist für unsere Entscheidungen momentan unbedeutend. Entscheidend ist, daß ein bestimmter Anteil der Patienten nach der Behandlung abstinent lebt.

Wie kann nachgewiesen werden daß $D_1 = D_2$? Es handelt sich ja in Wirklichkeit um verschiedene Personen, da man ja nicht die gleichen Personen zuerst einer Therapie (B) unterziehen kann und dann keiner Therapie ($\neg$B) oder umgekehrt. Das in der Praxis gängige Forschungsvorgehen ist folgendermaßen: Man vergleicht die beiden Gruppen D_1 und D_2 mit anamnestischen Variablen wie Alter, Schulbildung, Geschlecht, Therapieerfahrung und kommt zu der Schlußfolgerung, daß, wenn die beiden Gruppen sich in diesen Variablen nicht signifikant voneinander unterscheiden, dann D_1 und D_2 gleich sind.[4] So wird bei Vergleichen von Kliniken und von unterschiedlichen Therapieansätzen vorgegangen, um dann zu schlußfolgern, die Therapie X ist besser, schneller oder erfolgreicher. Zu bedenken geben möchte ich nur, wenn Variablen wie Therapieerfahrung, Alter, Schulbildung keine prognostische Relevanz für das Ergebnis haben – und das ist in den meisten Fällen die Regel –, dann ist es nicht sinnvoll, Gruppen auf Unterschiede dieser Variablen zu testen, Kovarianzanalysen durchzuführen oder sie zu parallelisieren. Es wird dadurch nur Wissenschaftlichkeit und Objektivität vorgetäuscht. In noch verschärfter Form trifft dies auf Metaanalysen zu. In diesen Übersichtsarbeiten werden alle veröffentlichten kontrollierten klinischen Studien eines definierten Kulturraums (in der Regel der angloamerikanische) erfaßt, bewertet, und es werden pro Intervention oder Therapieansatz die Wirksamkeitsnachweise ausgezählt. Übersetzt in eine Symbolsprache geschieht folgendes[5]:

---

[4] Statistische Methoden, mit deren Hilfe der Einfluß von Kontrollvariablen herauspartialisiert wird, berücksichtige ich hier nicht, da sie für die folgende Argumentation bedeutungslos sind.

[5] Das Lesen dieses Artikels wird *nicht* (zusätzlich) erschwert, wenn Sie die folgenden sechs Zeilen und auch die weiteren formalen Sätze die

(4)
(a) $p(E_{1a}, D_{1a} \wedge B_{1a}) > p(E_{2a}, D_{2a} \wedge B_2)$
(b) $p(E_{1b}, D_{1b} \wedge B_{1b}) > p(E_{2b}, D_{2b} \wedge B_2)$
(c) $p(E_{1c}, D_{1c} \wedge B_{1c}) > p(E_{2c}, D_{2c} \wedge B_2)$
(d) $p(E_{1d}, D_{1d} \wedge B_{1d}) < p(E_{2d}, D_{2d} \wedge B_2)$
(e) $p(E_{1e}, D_{1e} \wedge B_{1e}) > p(E_{2e}, D_{2e} \wedge B_3)$
etc.

(5) $\qquad B_1 > B_2$ \hfill (f)

Wir nehmen einfach an, daß die einzelnen Studien (a–e) sorgfältig durchgeführt worden sind (Zufallsverteilung auf die Behandlungen, gleiche Erfolgsmessung etc.), so daß innerhalb jeder Studie (z. B. in Satz 4a) die gleichen Erfolgskriterien verwendet wurden (6), daß sich die Patienten innerhalb jeder Studie nicht unterscheiden (7) und daß die beiden Behandlungsbedingungen verschieden sind (8,9):

(6) $E_1 = E_2$
(7) $D_1 = D_2$
(8) $B_1 \neq B_2$
(9) $B_1 \neq B_3$

Wir haben also *Grund zu glauben*, daß in drei Studien B_1 wirksamer ist als B_2 (a,b,c), in einer Studie weniger wirksam ist (d) und in einer Studie wirksamer ist als B_3 (e). Um jetzt zu der Schlußfolgerung (5) zu gelangen, B_1 ist wirksamer als B_2, müßten außerdem folgende Bedingungen erfüllt sein:

---

ses Artikels überspringen. Warum ich nicht auf die Darstellung der Symbolsprache verzichte, ist begründet in ihrer Relevanz beim Schreiben dieses Artikels, und ich möchte einen Eindruck vermitteln, wie durch die Verwendung einer formalen Sprache unsere Wahrnehmung der Welt (z. B. unser therapeutisches Wissen) beeinflußt werden kann. Sollte sich die Verwendung formaler Sprachen als sinnvoll für die Therapieforschung herausstellen, so wären in Anlehnung an andere Kunstsprachen noch genaue Sprachregelungen zu erstellen.

(10) $E_a = E_b = E_c = \ldots\ldots E_n$
(11) $D_a = D_b = D_c = \ldots, D_n$
(12) $D = D(D_a, D_b, D_c, \ldots, D_n)$

das heißt, die verschiedenen Studien (a–e) haben
- gleiche Erfolgskriterien (10) verwendet,
- bezüglich der ergebnisrelevanten Merkmale (z. B. Motivation) gleiche Patienten (11) behandelt, und
- die untersuchten Stichproben sind repräsentativ in diesen Merkmalen für die Grundgesamtheit (D), über die eine Aussage gemacht werden soll (z. B. alle Alkoholiker, die in den USA eine stationäre Therapie beginnen) (12).[6] Mir ist keine Metaanalyse bekannt, in der diese sehr trivialen Bedingungen (10–12) auch nur annäherungsweise erfüllt sind[7].

Zum Beispiel in der häufiger zitierten Metaanalyse von Miller et al. (1995) werden Studien zusammengefaßt, die sich unterscheiden:
- in ihrer Definition von Erfolg (z. B. E_a = ein Sechstel weniger exzessive Trinktage; E_b = kontrolliertes Trinken, E_c = 30 Tage Abstinenz im letzten Monat),
- in ihren Diagnosen (z. B. D_b = alkoholauffällige Kraftfahrer, D_d = durch Medien für ein Forschungsprojekt rekrutierte Problemtrinker, D_e = Patienten einer Alkoholfachklinik) und
- von der Gesamtstichprobe, über die eine Aussage gemacht werden soll.

Zur Effektivität von Kurzzeittherapien werden in der Metaanalyse von Miller et al. 23 Studien aufgelistet mit einer Stichprobengröße von insgesamt 5051 Personen. In 17 Studien sind die Kurz-

---

[6] Ob diese Bedingung überhaupt erfüllbar ist, halte ich für fraglich, außer durch die Ziehung einer Zufallsstichprobe aus der Grundgesamtheit, wodurch wieder andere Probleme entstehen.

[7] Um die Darstellung zu vereinfachen, bin ich von der für die Psychotherapie nur unter großem Aufwand realisierbaren Annahme ausgegangen, daß es sich bei B_1, B_2 und B_3 um eindeutig definierbare und wiederholbare Interventionen handelt, vergleichbar einem Medikamment.

zeittherapien am wirksamsten, in 6 Studien gibt es negative oder keine Effekte dieser Therapie. Der gewichtete Effektindex ist mit + 239 für die Kurzzeittherapien am höchsten. Es folgen soziale Kompetenztrainings mit + 128 und die Motivationstherapien (Miller ist der prominenteste Vertreter dieser Therapien) mit + 87. Es wird durch solche Maße eine Objektivität vermittelt, die nach obigen Überlegungen (6–12) nicht vertretbar ist. Außerdem werden in dieser Metaanalyse Aussagen gemacht über zirka 0,1 Prozent der Alkoholiker in den USA, und trotz der nicht unbeträchtlichen soziokulturellen Unterschiede zu Deutschland werden die Ergebnisse von deutschen Autoren übernommen, als ob sie allgemeingültig wären. Der Umgang mit Metaanalysen steht übrigens im Widerspruch zur von Verhaltenstherapeuten hoch geschätzten Wissenschaftstheorie Poppers. Adam (2000) vermutet, daß Karl Raimund Popper in Deutschland so populär ist im Gegensatz zu Gotthold Ephraim Lessing, der ähnliche Gedanken 200 Jahre früher veröffentlichte, da ersterer vorwiegend in englisch publizierte. Deutsche Verhaltenstherapeuten favorisieren das Veränderungsmodell von Prochaska und DiClemente (1983) vor dem nach meiner Einschätzung differenzierteren Modell von Heckhausen (1977, 1987). Die Hintergründe und Motive für die Bevorzugung angloamerikanischer Studien und für Metaanalysen und ähnliche Artikel lassen sich wahrscheinlich nur durch psychologische und soziologische Betrachtungen erschließen. Erkenntnisgewinn, der Verbesserung von Therapien dienend, ist für mich in diesen Metaanalysen nicht wahrnehmbar.

Der absolute Höhepunkt propagandistischer Aussagen wird erreicht, wenn man „schlußfolgert", daß der Therapieansatz mit dem Katamneseergebnis r_1 (= ein akzeptabler Wert, z. B 40 Prozent abstinente Alkoholiker nach einem Jahr) dem Therapieansatz ohne (bekanntes) Katamneseergebnis (r_2 = ?) überlegen ist.

(13) $p(E, D_1 \wedge B_1) = r_1$
       $p(E, D_2 \wedge B_2) = r_2$
       $r_1 > 0$
       $r_2 = ?$

       $r_1 > r_2$ (f)

Vielleicht wird erst durch die Symbolsprache deutlich, wie falsch (f) diese Schlußfolgerung ist. Durch eine Erhöhung der Anzahl der Studien zu B_1 (z. B. medikamentöse Behandlung oder Verhaltenstherapie) wird diese Schlußfolgerung nicht wahr, sondern es wird nur der subjektive Eindruck einer (scheinbar) wahren Schlußfolgerung hervorgerufen.

Eine entspannte, erkenntnisfördernde Jagd nach Signifikanzen

Einer Ein-Jahres-Katamnese wird weitaus größere Bedeutung beigemessen als einer Drei-Monats-Katamnese. Je größer der Zeitabstand zwischen B und E ist, desto bedeutender die Katamnesestudie? Diese Bewertung mag sinnvoll sein bei der Behandlung von Störungen mit hoher Erfolgsquote. Für Therapien mit derzeit noch geringen Erfolgsquoten scheint mir ein Umdenken sinnvoll zu sein. In Abbildung 2 ist der Beginn der Therapie durch t_1 symbolisiert. $t_2, \ldots, t_n$ sind die aufeinanderfolgenden Erhebungszeipunkte, anfangs während der Therapie und dann nach Abschluß der Behandlung. Die gepunkteten Linien verdeutlichen den Versuch, eine Prognose zu erstellen, sowohl zwischen dem Erfolgskriterium (E), erhoben zu verschiedenen Zeitpunkten (z. B. Abstinenz während und nach der Therapie), als auch zwischen Eigenschaften oder Symptomen der Patienten (D; z. B. Motivationsstärke) und dem Erfolgskriterium (E_{t6}; z. B. hohe soziale Kompetenz oder Abstinenz zur Ein-Jahres-Katamnese).

Bei den gepunkteten Linien sind alle Wahrscheinlichkeitswerte zwischen 0 bis 1 vorstellbar. Eine Prognose kann rein theoretisch gut möglich sein zwischen weit auseinanderliegenden Ereignissen (z. B. Therapieende und Ein-Jahres-Katamnese) oder zwischen näher zusammenliegenden (z. B. Therapieende und Drei-Monats-Katamnese). In der alltäglichen Praxis der Therapieforschung werden mehrere Erhebungszeitpunkte während der Therapie (t_1, t_2, t_3) und mehrere Katamnesezeitpunkte ($t_4, t_5, t_6, \ldots, t_n$) zueinander in Beziehung gesetzt. Typische Ergebnisse sind: kein signifikanter Zusammenhang zwischen D_{1t3} und E_{t4}, zwischen D_{2t3} und E_{t6}, aber signifikante Zusammenhänge zwi-

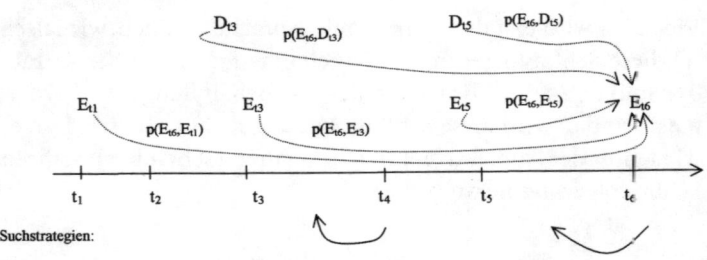

Abbildung 2: Probabilistische Voraussage in Abhängigkeit vom Zeitabstand zwischen potentiellen Prädiktor- und Kriteriumsvariablen

schen D_{1t1} und E_{t6}, zwischen D_{1t3} und E_{t6}, zwischen D_{2t3} und E_{t4}. Die Beliebigkeit dieser (Nicht-)Zusammenhänge wird deutlich beim Schreiben wie auch Lesen dieser Zeilen, sie wird nicht deutlich bei Verwendung einer psychologischen Fachsprache. Zum Beispiel unterschieden sich Alkoholiker, die an einem Rückfallpräventionstraining teilgenommen hatten, zur Drei-Monats-Katamnese nicht von ihrer Kontrollgruppe. Zur Ein-Jahres-Katamnese hatten sie hingegen ein Sechstel weniger exzessive Trinktage, und die Dauer der Trinkepisoden war kürzer. Im Arbeitsverhalten gab es zur Ein-Jahres-Katamnese keine Unterschiede. Die Schnelligkeit, im Rückfallpräventionstraining eine richtige Antwort zu geben, korrelierte signifikant positiv mit der Anzahl abstinenter Tage zur Ein-Jahres-Katamnese und so weiter.

Bei der kontrollverlustartigen *Jagd nach Signifikanzen* wird keine Rücksicht auf theoretische Modelle genommen. Die Beliebigkeit der Ergebnisse und Interpretationen kann reduziert werden, wenn bei der Erstellung von Hypothesen die Erhebungszeitpunkte theoretisch begründet werden. Hier ein Beispiel für solche Hypothesen. Für E setzen wir „30 Tage Abstinenz" ein, D ist ein hoher Wert im Bereich „Volition zur Abstinenz", t_1 ist „Therapiebeginn", t_3 das „reguläre Therapieende, definiert über die Zeit: „24 Therapiewochen", t_4 „3 Monate nach Therapieende" und t_6 „ein Jahr nach Therapieende".

(14) $p\,(E_{tn}, E_{tn-1}) > p\,(E_{tn}, E_{tn-2}) > \ldots p(E_{tn}, E_{t4}) > 0$

(15) $p(E_{tn}, E_{t3}) = p(E_{t4}, E_{t3}) \approx 0 \; ; n \geq 5$

(16) $p(E_{tn}, E_{tn-1}) > p(E_{tn}, D_{tn-1}) \geq 0, n \geq 5$

(17) $p(E_{t4}, D_{t3}) > p(E_{t4}, E_{t3}) \approx 0$

In Alltagssprache beinhalten diese Hypothesen, daß eine Voraussage der Abstinenz um so wahrscheinlicher ist, je näher der vorhergegangene Abstinenzzeitraum liegt (14). Die Abstinenz (oder Rückfälligkeit) während der Therapie gestattet aber keine Voraussage der Abstinenz nach der Therapie (15). Während die Abstinenz nach der Therapie eher eine Voraussage zukünftiger Abstinenz gestattet (16), ist eine Prognose der Abstinenz zur Drei-Monats-Katmnese eher durch die Volition zu Therapieende (Vollmer 2000) möglich als durch die Abstinenz zu Therapieende (17). Auf eine Begründung dieser Hypothesen verzichte ich, da sie für das Thema dieses Artikels unrelevant sind. Mein Anliegen ist, daß vor der Durchführung von Studien überhaupt Hypothesen aufgestellt werden und nicht das Signifikanz-Allerlei nachträglich auf sinnvolle Aussagen zurechtgebogen wird. Die vorher definierten hypothetischen Grundannahmen bestimmen die Forschungsstrategie. Wenn die Hypothesen 14–17 zutreffen, dann können Verbesserungen der Therapie am ehesten durch die Suche nach Prädiktorvariablen zu Ende der Behandlung (D_{t3}) verbessert werden. Solange diese Hypothesen nicht widerlegt werden oder neue theoretische Erkenntnisse gegen sie sprechen, orientieren wir in unserer Klinik unsere Suchstrategie nach relevanten Prognosekriterien an diesen Hypothesen. Wir beginnen unsere Suche am letzten für uns erreichbaren Glied der Kette. Da unsere Erhebungen mit möglichst geringem Zeitaufwand im Rahmen der normalen Versorgung Drogenabhängiger durchgeführt werden, können wir zum Beispiel nicht Zusammenhänge zwischen Drei-Monats- und Sechs-Monats-Katamnesen erforschen, sondern beschränken uns auf Therapieende und Drei-Monats-Katamnese: $p(E_{t4}, D_{t3})$.

Für E können bei Beibehaltung der obigen Hypothesen (14–17) auch andere Ereignisse eingesetzt werden wie „regelmäßig arbeiten", „aktive Freizeitgestaltung", „soziale Kontakte zu drogenfreien Personen". Verschiedene Studien (Herbst et al. 1989; McCusker et al. 1997; Toumbourou et al. 1998) legen nahe, daß bei der abstinenzorientierten Behandlung Drogenabhängiger ein positiver Zusammenhang besteht zwischen „regulärer Therapiebeendigung nach wenigstens sechs Monaten" und „Abstinenz zur Ein-Jahres-Katamnese". Wenn wir daher die „reguläre Therapiebeendigung" als ein erwünschtes Ergebnis betrachten, dann stellt sich auch hier die Frage nach der vermuteten Prognosewahrscheinlichkeit in Abhängigkeit vom Zeitabstand. Meine Hypothesen sind im folgenden aufgelistet. E = „Therapiebeendigung", D = hoher Wert in der „Volition, die Therapie regulär zu beenden", t_1 = „Ende erster Monat der Therapie", t_2 = „Ende zweiter Monat der Therapie", etc.

(18) $\quad p\,(E_{t6}, E_{5<t<6}) > p\,(E_{t6}, E_{4<t<5})\ .> ....$

(19) $\quad p\,(E_{t6}, E_{5<t<6}) \approx .9$

(20) $\quad p\,(E_{t6}, E_{5<t<6}) > p\,(E_{t6}, D_{t5})$

(21) $\quad p\,(E_{1<t<2}, D_{t1}) > p\,(E_{t6}, D_{t1})$

$\quad\quad p\,(E_{2<t<3}, D_{t2}) > p\,(E_{t6}, D_{t2})$

Die Suche nach Prognosekriterien sollte in Abhängigkeit von der bisherigen Verweildauer in Therapie geschehen. Wenn es durch die Verweildauer in Behandlung fast sicher ist, daß jemand die Therapie regulär beenden wird (19), dann wird es unwahrscheinlich sein, hier noch bessere Prognosekriterien mittels Fragebogen und Verhaltensbeobachtungen zu finden. Es lohnt sich eher dort, Prognosekriterien zu suchen, wo eine Voraussage der Therapiebeendigung durch die bisherige Verweildauer gering ist. Dies trifft auf die ersten Therapiemonate zu. Wenn die obigen Hypothesen stimmen, dann ist es sinnvoller, nach Kriterien zu suchen, die eine baldige vorzeitige Therapiebeendigung vorhersagen, als nach Kriterien einer regulären Therapiebeendigung.

Je nach Art der potentiellen Prädiktor- und Kriteriumsvariablen kann es verschiedene Hypothesen zu den zeitabhängigen

Wahrscheinlichkeiten geben. Werden Einschätzungen von Therapeuten als Prädiktorvariablen verwandt, so treffen die obigen Hypothesen vermutlich nicht mehr zu. Es ist vorstellbar, daß den Therapeuten eine Vorhersage der regulären Therapiebeendigung besser gelingt als eine vorzeitige Therapiebeendigung in den nächsten sechs Wochen. Zusammengefaßt sollte bei der Suche nach Prognosekriterien berücksichtigt werden:
- der Zeitabstand zwischen Prädiktorvariable und dem vorauszusagenden Ereignis (Kriteriumsvariable),
- bereits bestehende natürliche Kriterien (z. B. Verweildauer in Behandlung) und
- die Art der Prognosekriterien.

Zu der Art der Prognosekriterien gehört auch, welches Ziel verfolgt wird. Wenn das Prognosekriterium auch *erklärende Funktion* haben soll, dann lassen sich therapeutische Interventionen zur Verbesserung der Therapie ableiten. Hat es hingegen nur *prognostische Funktion*, dann eignet es sich nur zur Zuweisung auf bestimmte Behandlungsmaßnahmen, wenn die Vorhersagekraft ausreichend hoch genug ist. Es wäre im vorhinein zu definieren, wie hoch die Vorhersagewahrscheinlichkeit sein muß, um die Prädiktorvariable als Zuweisungskriterium für bestimmte Behandlungen zu nutzen. Wenn die Vorhersagen zu 80 Prozent zutreffen, für die Psychologie ein ungewöhnlich hoher, wenn nicht unrealistischer Wert, dann würden aber noch 20 Prozent die falsche Behandlung erhalten. Die Verwendung des Prognosekriteriums wäre dann sinnvoll, wenn durch dieses Vorgehen mehr richtige Zuweisungen gemacht werden im Vergleich zu der Situation, wo die Patienten selbst entscheiden. In der Fachliteratur wird häufiger vermutet, daß wenn die Patienten nach entsprechender fachkundiger Aufklärung selbst über die Behandlungszuweisung entscheiden, diese Entscheidung das beste Prognosekriterium für eine erfolgreiche Behandlung ist.

Suchstrategien und Hindernisse zur Verbesserung von Therapien

Bei der Suche nach Prognosekriterien ist die klassischen psychiatrischen Diagnostik (z. B. nach DSM oder ICD) wenig hilfreich. Sie ist als grobes Verständigungsraster zwischen Klinikern und Wissenschaftlern sinnvoll und gestattet eine vorläufige Zuweisung zu einem Therapeuten oder einer Einrichtung, wenn eine eindeutig formulierte Zuweisungsregel besteht. So wird man zum Beispiel nach derzeitigem Kenntnisstand Personen mit der Haupt- oder Nebendiagnose „Drogenabhängigkeit" einer Fachklinik oder -ambulanz für Drogenabhängige zuweisen und nicht einer Fachklinik für Alkoholabhängige oder einer psychosomatischen Klinik. Um herauszufinden, ob eine Behandlung (B_1) besser für bestimmte Patienten ist als eine andere Behandlung (B_2), gelangt man zu der bereits oben gestellten Frage, wann ist $D_1 = D_2$ oder $D_1 \neq D_2$. Mir ist keine halbwegs brauchbare Lösung bekannt, so daß ich alle vergleichenden Aussagen, zu denen wir leider spontan neigen, für unstatthaft und für erkenntnishinderlich halte (siehe oben: Satz [3] und die Ausführungen dazu). Die Frage $B_1 < B_2$? (z. B. Verhaltenstherapie oder Klinik X [B_2] ist erfolgreicher als Psychoanalyse oder Klinik Z [B_1]?) kann nicht beantwortet werden, solange die Prognosekriterien für eine erfolgreiche Behandlung unbekannt sind und somit auch nicht die Frage beantwortet werden kann, wann zwei Gruppen identisch sind ($D_1 = D_2$). Letztere Frage wird man erst stichprobenabhängig beantworten können, wenn man Merkmale identifiziert hat, die zeitunabhängig eine (nahezu) deterministische Prognose gestatten.

(22) $\quad p(E, D_1 \wedge B_1) = r_{1m}\,;\ r_{1m} \approx 1$

Für Gruppen mit diesem Merkmal (D_1) könnten dann Vergleichsstudien durchgeführt werden mit dem Ziel, verschiedene Behandlungsmaßnahmen miteinander zu vergleichen.

Eine weitere notwendige Bedingung für vergleichende Aussagen über Therapien und Therapieansätze ist die Gleichheit des sogenannten Erfolgkriteriums (E). In der therapeutischen Praxis werden mit den Patienten individuelle Ziele erarbeitet, die häufig keine interindividuellen Vergleiche gestatten. Was François Truffaut über das Drehen eines Films sagt (Vollmer, in diesem Band), trifft ebenso auf Therapie zu, insbesondere auf die Behandlung Drogenabhängiger: Therapien lassen sich mit einer Postkutschenfahrt im Wilden Westen vergleichen. Nach der ersten Hoffnung einer schönen Reise fragen sich Patienten und Therapeuten sehr bald, ob man überhaupt am Ziel ankommen wird.

Meine Argumente sprechen nicht gegen Therapieforschung, sondern für die Suche nach Möglichkeiten, wie man Therapien verbessern kann, wobei die Einbeziehung wissenschaftstheoretischer Überlegungen unvermeidbar ist. So ist zum Beispiel der Kenntnisstand für die stationäre abstinenzorientierte verhaltenstherapeutische Behandlung Drogenabhängiger

(23) $p(E, D_1 \wedge B_1) = r_1$.

Wenn wir jetzt für D_1 „Opiatabhängigkeit (ICD-10, F11.21)" einsetzen, für B_1 „Aufnahme in eine stationäre abstinenzorientierte verhaltenstherapeutische Behandlung von geplanter sechsmonatiger Dauer" und für E „Abstinenz zur Ein-Jahres-Katamnese"[8], dann beträgt r = .37 (N=89) (de Jong u. Bühringer 1978). Bei optimistischer Veranlagung und vorübergehender Ausblendung wissenschaftstheoretischer Kenntnisse darf man *glauben*, daß die Abstinenz dieser Patienten zu einem großen Anteil auf die Behandlung zurückzuführen ist. Somit besteht eine Grundlage für die Entwicklung von Suchstrategien zur Verbesserung der Ergebnisse. Eine Möglichkeit ist die Veränderung von B bezüglich Intensität, Dauer oder Ausgestaltung. In der Fachliteratur gibt es Hinweise, daß durch eine Verlängerung der Therapie am ehesten Abstinenz und (Re)Intergration in das Erwerbsleben erreicht werden kann (Herbst et al. 1989; McCusker et al. 1997; Toumbou-

---

[8] Wie bei den anderen Beispielen sind auch hier genauere Definitionen notwendig, die aber momentan für das Thema dieses Artikels nicht relevant sind. Eine Übersicht deutschsprachiger Katamnesestudien ist zu finden bei Bühringer und Küfner 1996.

rou et al. 1998). Eine zweite Suchstrategie ist die Identifizierung von Patienten, die auf die Therapie ansprechen

(24) $p(E, D_{1a} \wedge B_1) > r_1$; D_{1a}?

oder nicht ansprechen.

(25) $p(E, D_{1f} \wedge B_1) \approx 0$; D_{1f}?

Falls unsere obige optimistische Annahme eines Zusammenhangs zwischen Therapie und Abstinenz falsch ist, würden wir durch diese beiden Suchstrategien darauf gestoßen werden. Das heißt, unsere optimistische Annahme eines kausalen Zusammenhangs zwischen Therapie und erwünschtem Katamnese-Ergebnis unter Ausblendung wissenschaftstheoretischer Erkenntnisse ist nur dann vorübergehend erlaubt, wenn wir auf Grundlage dieser Annahme weitere Studien durchführen[9].

Die potentiellen Prognosekriterien sollten möglichst *erklärende Funktion* haben, ansonsten kann es zur Ausgrenzung kommen, das heißt, es würden vorwiegend diejenigen behandelt, die eine höhere Erfolgswahrscheinlichkeit haben. An der Suche nach potentiellen Indikationskriterien kommt man nicht vorbei, auch wenn man sich vorerst auf die Therapie (B) konzentriert. Die Prädiktorvariablen sollten folgende Kriterien erfüllen, die nach Carnap (Carnap u. Stegmüller 1959) für die Übertragung von Begriffen der Alltagssprache in eine Wissenschaftssprache sinnvoll sind: *Ähnlichkeit mit dem Gegenstand, Exaktheit, Einfachheit* und *Fruchtbarkeit*.

Die Prädiktorvariable sollte Ähnlichkeit mit dem Gegenstand haben, für den sie verwendet wird. So sollte der Begriff „Alkoholabhängigkeit" sich teilweise damit decken, was in der Alltagsspra-

---

[9] Es sind mir keine Psychotherapiestudien zur abstinenzorientierten Behandlung Abhängiger bekannt mit dem Ziel mehrerer Kreuzvalidierungen und der kontinuierlichen Verbesserung von Therapien. Leider eine Folge der hiesigen Forschungspolitik. Hintergründe habe ich in meinem Artikel „Krankheitsmodelle und ihre Folgen" (in diesem Band) angedeutet.

che darunter verstanden wird. Gleichzeitig ist eine *Eliminierung von vagen oder problematischen Anteilen notwendig* (Quine 1960). Beispiele für vage Begriffe sind die Kriterien im DSM wie „Kontrollverlust", „länger als beabsichtigt Alkohol einnehmen", „viel Zeit für Aktivitäten, um die Substanz zu beschaffen". *Exaktheit* bedeutet, daß präzise Gebrauchsregeln für den Begriff und dem System, in das er eingeordnet wird, bestehen. *Einfachheit* bezieht sich auf die Definition des Begriffs und auf die mit dem Begriff gebildeten Gesetze. *Fruchtbarkeit* bedeutet, daß der Begriff die Aufstellung vieler Gesetze gestattet.

So wertvoll die Klassifikationssysteme DSM und ICD für die Verständigung zwischen Praktikern, Wissenschaftlern und Leistungsträgern[10] sind, für die Weiterentwicklung von Therapien und die Identifizierung von differentiellen Indikationskriterien zur Behandlung Abhängiger sind sie kaum geeignet, wenn man die Kriterien von Carnap und Stegmüller betrachtet. *Die Definitionskriterien zur Diagnose einer Abhängigkeit sind größtenteils vage und komplex, beziehen vorausgehende und nachfolgende Reizbedingungen in die Definition ein*, und es lassen sich keine Behandlungsmaßnahmen ableiten. Würde man mit den neun Kriterien des DSM, von denen mindestens drei für eine Diagnose Abhängigkeit zutreffen müssen, Untergruppen bilden, so hätte man bereits bei einer Abhängigkeit von nur einer einzigen Substanz 210 Untergruppen. Eine wesentlich höhere Relevanz für die therapeutische Praxis und für die wissenschaftliche Psychologie hat das diagnostische Handeln nach Kanfer und Saslow (1969), Schulte (1974) und Kaminski (1970). Diagnostik wird als kontinuierlicher Problemlöseprozeß aufgefaßt, der sich über die gesamte Therapie erstreckt und eng mit dem therapeutischen Prozeß verzahnt ist. Die Brauchbarkeit dieses Vorgehens wurde inzwischen bestätigt durch die Modelle zur Veränderung von Verhalten (Prochaska u. DiClemente 1983; Heckhausen 1977, 1987), die ein flexibles therapeutisches Handeln nahelegen (Voll-

---

[10] Für die Rentenversicherungsträger wäre entsprechend ihrem Auftrag eher ein Klassifikationssystem für Arbeitsstörungen und berufliche Probleme sinnvoll.

mer u. Krauth 2000, 2001). Die meisten Verbesserungen der Therapie Abhängiger (z. B. Rückfall- und Motivationsmodelle) haben sich in den letzten Jahren aus der problemlösungsorientierten Diagnostik der Verhaltenstherapie ergeben.

Auf der Basis dieser Diagnostik wäre, langfristig gesehen, die Entwicklung von Manualen sinnvoll, aber erst zu einem Zeitpunkt, wenn das Vorgehen wissenschaftstheoretischen Kriterien genügt. Die vorschnelle Erstellung von Manualen kann Fortschritte behindern, besonders wenn sie als allgemeingültig betrachtet werden. Dieses alltägliche Vorgehen verhaltenstherapeutischer Praktiker könnte auch in der Therapieforschung vermehrt umgesetzt werden, wie es zum Beispiel von Grawe (1998) und Mitarbeitern geschieht.

Meine dritte Strategie zur Verbesserung von Therapien besteht daher in der gleichzeitigen Suche nach modifizierten oder auch neuen Therapieelementen und nach Prädiktorvariablen, mit dem derzeitig empirisch nicht prüfbaren Wunsch, daß gleich gute oder bessere Ergebnisse erzielt werden als mit den bereits bestehenden Therapien:

(26) $p(E, D_2 \wedge B_2) \geq p(E, D_1 \wedge B_1)$

Da unser hoch entwickeltes Informationsverarbeitungssystem zu unzulässigen Kausalitätsannahmen neigt (s. Heider 1958; Metzger 1954; Michotte 1946), weise ich noch einmal darauf hin, daß aus (26) und dem Ergebnis $r_2 > r_1$ nicht abgeleitet werden kann: $B_2 > B_1$, denn es ist möglich, daß $D_2 \neq D_1$ sein kann. Meine Schlußfolgerung aus diesen Überlegungen ist, zur Verbesserung von Therapien Suchstrategien zu verwenden, die *vergleichende Aussagen zu anderen Therapien unterlassen* und die Prognosekriterien und Behandlungsmaßnahmen gleichermaßen berücksichtigen. Anstatt vergleichender Aussagen scheint mir die beste Lösungsmöglichkeit zur Verbesserung von Therapien nach wie vor das Rationalitätsmodell von Westmeyer (1987) zu sein (Vollmer 1993). Die empirischen Befunde verschiedener Studien werden unter Berücksichtigung ihrer begrenzten Aussagekraft neben den theoretischen Überlegungen, den therapeutischen Erfahrungswerten, den Meinungen der Patienten und deren Angehörigen, den Erkenntnissen der Leistungsträger und so weiter in die Diskussion um verbesserte therapeutische Vorgehensweisen einbezogen.

Warum soll man sich überhaupt als Praktiker diese lästigen wissenschaftstheoretischen Gedanken machen? Ich denke, es besteht eine Verpflichtung, sich mit der Wissenschaftstheorie auseinanderzusetzen. Erstens: *Um sich vor Wissenschaftlern und Institutionen zu schützen*, die ihre Erkenntnisse als die einzig wahren verkaufen. Zweitens: Da es in Deutschland, ebenso wie in anderen Industrienationen, fast keine psychologische Forschung zur abstinenzorientierten Therapie Abhängiger gibt, *sind die Praktiker selbst gezwungen, im Rahmen eines individuellen Qualitätsmanagements* (Vollmer u. Beitel 2001) *ihre Therapien zu verbessern*. Drittens: *Um akzeptierend, unterstützend und neugierig* – wenn dies nicht gelingt, dann wenigstens tolerant – *anderen Kulturen, Sprachen und Ansätzen gegenüberzutreten*.

Literatur

Adam, K. (2000): Die Sprachkrankheit mit Namen BSE. FAZ v. 19. 02. 00, Nr. 42, S. III.

Bühringer, G.; Küfner, H. (1996): Drogen- und Medikamentenabhängigkeit. In: Hahlweg, K.; Ehlers, A. (Hg.): Psychologishe Störungen und ihre Behandlung. Enzyklopädie der Psychologie. D, Serie 2, Bd 2. Göttingen, S. 513–588.

Carnap, R. (1928): Der logische Aufbau der Welt. Berlin.

Carnap, R.; Stegmüller, W. (1959): Induktive Logik und Wahrscheinlichkeit. Wien.

Cavell, S. (1994): Nichts versteht sich von selbst. Merkur 48: 300–308.

Fabre, J. (2001): Le sacre du sang. Festival d'Avignon 2001.

Frank, G. (1997): Künstliche Raumzeit. Zur ökonomischen Interdependenz von Raum und Zeit. Merkur 51: 902–913.

Frank, G. (1998): Ökonomie der Aufmerksamkeit. München.

Grawe, K. (1998): Psychologische Therapie. Göttingen.

Heckhausen, H. (1977): Motivation: Kognitionspsychologische Aufspaltung eines summarischen Konstrukts. Psychologische Rundschau 28: 175–189.

Heckhausen, H. (1987). Perspektiven einer Psychologie des Wollens. In:

Heckhausen, H.; Gollwitzer, P. M.; Weinert, F. E. (Hg.), Jenseits des Rubikon: Der Wille in den Humanwissenschaften. Berlin.

Heider, F. (1958): The psychology of interpersonal relations: New York.

Herbst, K.; Hanel, E.; Haderstorfer, B. (1989): Rückfallgeschehen bei stationär behandelten Drogenabhängigen. In: Watzl, H.; Cohen, R. (Hg.), Rückfall und Rückfallprophylaxe. Berlin, S. 139–148.

Jong, R. de; Bühringer, G. (1978): Ein verhaltenstherapeutisches Stufenprogramm zur stationären Behandlung von Drogenabhängigen. München.

Kaminski, G. (1970): Verhaltenstheorie und Verhaltensmodifikation. Stuttgart.

Kanfer, F. H.; Saslow, G. (1969): Verhaltenstheoretische Diagnostik. In: Schulte, D. (Hg.), Diagnostik in der Verhaltenstherapie. München, 1974, S. 24–59.

Lessing, G. E. (1777): Die Erziehung des Menschengeschlechts und andere Schriften. Stuttgart, 1965.

Lewin, K. (1940): Formalisierung und Fortschritt in der Psychologie. In: Kurt-Lewin-Werkausgabe. Bd. 4: Feldtheorie. Bern/Stuttgart, S. 41–72, 1982.

Marx Brothers (1931): Monkey Business.

Marx Brothers (1933): Duck Soup.

Marx Brothers (1937): A Day at the Races.

McCusker, J.; Bigelow, C.; Vickers-Lahti, M.; Spotts, D.; Garfield, F.; Frost, R. (1997): Planned duration of residential drug abuse treatment: efficacy versus effectiveness. Addiction 92 (11): 1467–1478.

Metzger, W. (1954): Psychologie. Darmstadt.

Michotte, A. E. (1946): La perception de la causalité. Louvain, 1954.

Miller, W. R.; Brown, J. M.; Simpson, T. L.; Handmaker, N. S.; Bien, T. H.; Luckie, L. F.; Montgomery, H.A.; Hester, R. K.; Tonigan, J. S. (1995): What works? A methodological analysis of the alcohol treatment outcome literature. In: Hester, R. K., Miller, W. R. (Hg.), Handbook of Alcoholism Treatment Approaches. Effective Alternatives. Boston, S. 12–44.

Montaigne, M. de (1580): Essais. Frankfurt/Main, 1998.

MPI for Psycholinguistics (2001): www.mpi.nl/dobes.

Prochaska, J. O.; DiClemente, C. C. (1983): Stages and processes of self-change of smoking. Toward an integrative model of change. Journal of Consulting and Clinical Psychology 51: 390–395.

Quine, W. V. (1960): Wort und Gegenstand. Stuttgart, 1980.

Schulte, D. (1974): Diagnostik in der Verhaltenstherapie. München.

Skinner, B. F. (1948): Futurum zwei. Hamburg, 1970.

Sokal, A. (1996): A physicist experiments with cultural studies. In: Lingua Franca, Mai/Juni.
Sokal, A.; Bricemont, J. (1998): Eleganter Unsinn. München.
Stegmüller, W. (1969): Probleme und Resultate der Wissenschaftstheorie und Analytischen Philosophie. Band I: Erklärung, Begründung, Kausalität. Berlin.
Süß, H. M. (1995): Zur Wirksamkeit der Therapie bei Alkoholabhängigen. Psychologische Rundschau 46: 248–266.
Szasz, T. S. (1960): Der Mythos von der seelischen Krankheit. In: Keup, H. (Hg.), Der Krankheitsmythos in der Psychopathologie. München, 1972, S. 44–56.
Toumbourou, J. W.; Hamilton, M.; Fallon, B. (1998): Treatment level process and time spent in the prediction of outcomes following drug-free therapeutic community treatment. Addiction 93 (7): 1051–1064.
Vollmer, H. C. (1993): Therapie als kontinuierlicher Entscheidungsprozeß. In: Heigl-Evers, A.; Helas, I.; Vollmer, H. C. (Hg.), Eingrenzung und Ausgrenzung. Göttingen, S. 67–100.
Vollmer, H. C. (2000): Auf der Suche nach Indikationskriterien zur Therapiezeitplanung. In: Fachverband Sucht (Hg.), Indikationsstellung und Therapieplanung bei Suchterkrankungen. Geesthacht, S. 284–291.
Vollmer, H. C.; Beitel, H. (2001): Auf der Suche nach einem Qualitätsmanagement bei dynamischen, vernetzten und intransparenten Wirkvariablen. Poster, 8. Jahrestagung der GQMG, Hamburg.
Vollmer, H. C.; Krauth, J. (2000): Verhaltenstherapie bei Suchterkrankungen. In: Thomasius, R. (Hg.), Psychotherapie der Suchterkrankungen. Stuttgart, S. 102–121.
Vollmer, H. C.; Krauth, J. (2001): Therapie bei Drogenabhängigkeit. In: Tretter, F.; Müller (Hg.), Psychologische Therapie der Sucht. Göttingen, S. 395–438.
Westmeyer, H. (1987): Möglichkeiten der Begründung therapeutischer Entscheidungen. In: Caspar, F. (Hg.), Problemanalyse in der Psychotherapie. Tübingen, S. 20–31.
Wittgenstein, L. (1918): Tractatus logico-philosophicus. In: Wittgenstein, L., Werkausgabe. Band 1. Frankfurt/Main.
Wittgenstein, L. (1945): Philosophische Untersuchungen. In: Wittgenstein, L., Werkausgabe. Band 1. Frankfurt/Main.

Die Autoren

Jobst Böning, Dr. med., ist Professor für Klinische Suchtmedizin an der Klinik und Poliklinik für Psychiatrie und Psychotherapie der Universität Würzburg.

Uwe Büchner, Dr. med., ist Chefarzt der Klinik für Alkoholkranke und der Hartmut-Spittler-Fachklinik im Vivantes-Klinikum Berlin-Spandau sowie Lehr und Kontrollanalytiker am Institut für Psychotherapie in Berlin.

Michael Heidler, Dr. phil., ist Klinischer Psychologe in der Klinik für Alkoholkranke im Vivantes-Klinikum Berlin-Spandau.

Reinhard Kreische, Dr. med., ist Psychoanalytiker in eigener Praxis und Privatdozent an der Universität Göttingen.

Johannes Lindenmeyer, Dr. rer. nat., Dipl.-Psych., ist Direktor der Salus-Klinik Lindow.

Thomas Redecker, Dr. med., ist Ärztlicher Direktor der Klinik am Hellweg, Evangelisches Johanneswerk in Oerlinghausen.

Heinz Renn, Dr. rer. pol., ist Professor am Institut für Soziologie der Universität Hamburg.

Heinz C. Vollmer, Dipl.-Psych., ist Direktor des Therapiezentrums Friedberg und Mitarbeiter des Instituts für Therapieforschung München.

Therapien bei Sucht und Abhängigkeit

Annelise Heigl-Evers /
Irene Helas /
Heinz C. Vollmer (Hg.)
Suchtkranke in ihrer inneren und äußeren Realität
Praxis der Suchttherapie im Methodenvergleich
1995. 241 Seiten mit 14 Abbildungen, kartoniert. ISBN 3-525-45634-4

Abhängigkeitskranke leben in einer eigenen Welt ihrer verzerrten Wahrnehmungen. In entscheidenden Punkten muß sich diese innere Welt verschließen vor der äußeren Realität, der Kranke könnte sie nicht ertragen. Das ist ein zentrales Problem jeder Suchttherapie, berührt sie doch genau jene Punkte, die der Patient vor sich verbergen muß. Wird das Problem nicht gelöst, scheitert die Therapie, zumeist im Rückfall des Patienten.
Die wichtigsten Verfahren in der Suchttherapie – psychoanalytische Therapie, Verhaltenstherapie, Systemtherapie – gehen auf je eigene Weise mit dieser Gefährdung um. Ihre Ansatzpunkte, die Therapieziele und ihrer Techniken zur Vermeidung des Scheiterns, werden in diesem Buch dargestellt und verglichen.

Annelise Heigl-Evers /
Irene Helas /
Heinz C. Vollmer (Hg.)
Eingrenzung und Ausgrenzung
Zur Indikation und Kontraindikation für Suchttherapien
1993. 207 Seiten mit 14 Abbildungen und 3 Tabellen, kartoniert
ISBN 3-525-45752-9

Die Indikation zu einer Psychotherapie ist ein Angebot zur Aufnahme ins medizinische Handlungsfeld, und zugleich bedeutet sie eine Ausgrenzung aus den bisherigen sozialen Lebenszusammenhängen. Doch in der Behandlung steckt auch das Erleben eigener Exklusivität. Der Rückfall als Rückkehr in die verlorene Normalität ist zugleich Ausgrenzung aus der Therapie und ihrer Zuwendung. So entscheidet Indikation oder Kontraindikation auch über einen sozial brisanten Grenzgang, was bei der Indikationsstellung unbedingt mitbedacht werden muß.

Vandenhoeck & Ruprecht

Therapien bei Sucht und Abhängigkeit

Annelise Heigl-Evers /
Irene Helas /
Heinz C. Vollmer (Hg.)
Die Person des Therapeuten in der Behandlung Suchtkranker
Persönlichkeit und Prozeßqualität
1997. 168 Seiten mit 14 Abbildungen, kartoniert. ISBN 3-525-45791-X

Die Kompetenz der Therapeuten ist durch die aktuelle Diskussion um die Qualitätssicherung der Suchtkrankenhilfe in ein neues Blickfeld gerückt. Namhafte Vertreter der drei Arbeitsrichtungen *Psychoanalyse, Verhaltenstherapie* und *systemische Familientherapie* befassen sich mit der Frage, welche personellen, strukturellen und konzeptionellen Bedingungen erfüllt sein müssen, um eine ganzheitliche, erfolgreiche Suchttherapie anbieten zu können. Um allen Dimensionen und Anforderungen von Gesundungsprozessen in der Suchttherapie gewachsen zu sein, müssen Therapeutinnen und Therapeuten fähig sein, sich den Abhängigkeitskranken als kompetente Austausch- und Dialogpartner zur Verfügung zu stellen.

Klaus Walter Bilitza (Hg.)
Suchttherapie und Sozialtherapie
Psychoanalytisches Grundwissen für die Praxis
Mit einem Vorwort von Annelise Heigl-Evers. 1993. 326 Seiten, gebunden
ISBN 3-525-45759-6

„... denn die Grundformen psychoanalytischer Suchttheorien werden zwar gründlich dargestellt, aber eben auch die Grundzüge der psychoanalytischen Krankheitslehre insgesamt, und dann, ins Praktische zielend, die Grundlagen der psychoanalytisch orientierten Beratungs- und Behandlungstechnik für Sucht- und Sozialtherapeuten. Für eine schnelle Einstimmung in das jeweilige Kapitel, aber auch um kurzfristig einen Einblick zu erhalten, eignen sich die auch optisch herausgehobenen Zusammenfassungen vorzüglich."
Psychiatrische Praxis

Vandenhoeck & Ruprecht